Resin

Möbel und Wohndeko
mit Kunstharz gestalten

Monika Firgau

WERKSTATT Resin

Möbel und Wohndeko mit Kunstharz gestalten

Inhalt

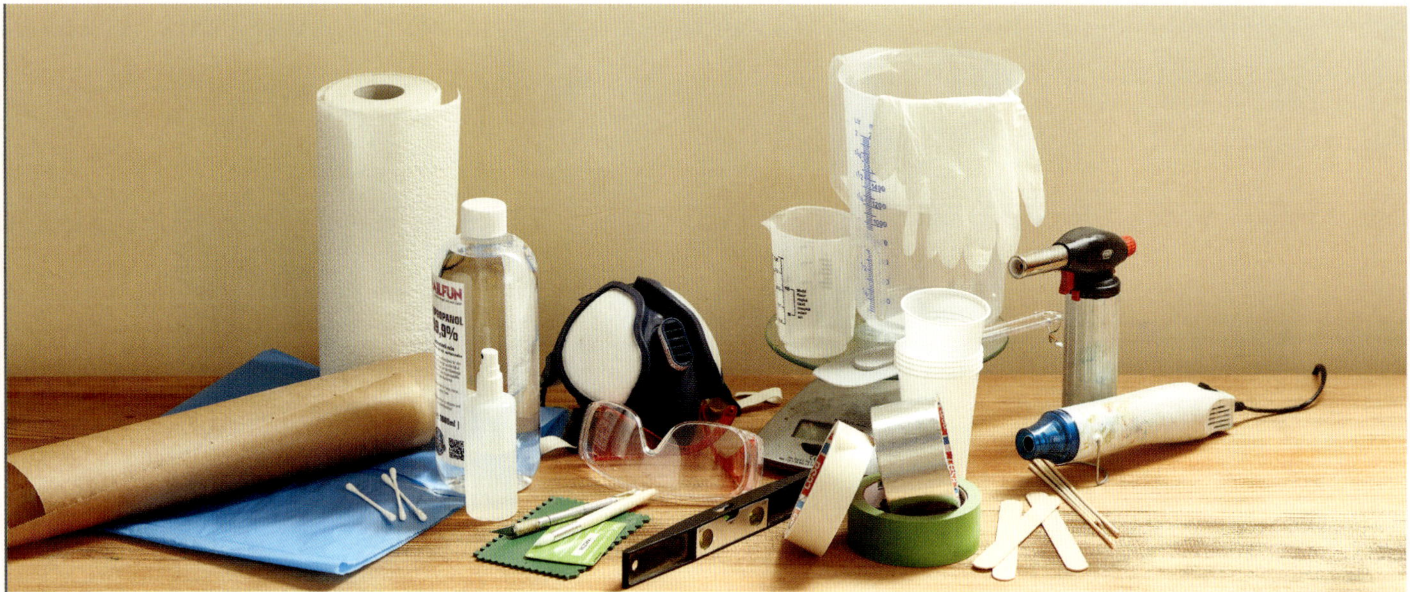

Die Vorlagen zu diesem Buch stehen in Ihrer Digitalen Bibliothek unter **www.topp-kreativ.de/digibib** nach erfolgter Registrierung zum Ausdrucken bereit. Den Freischalte-Code finden Sie im Impressum.

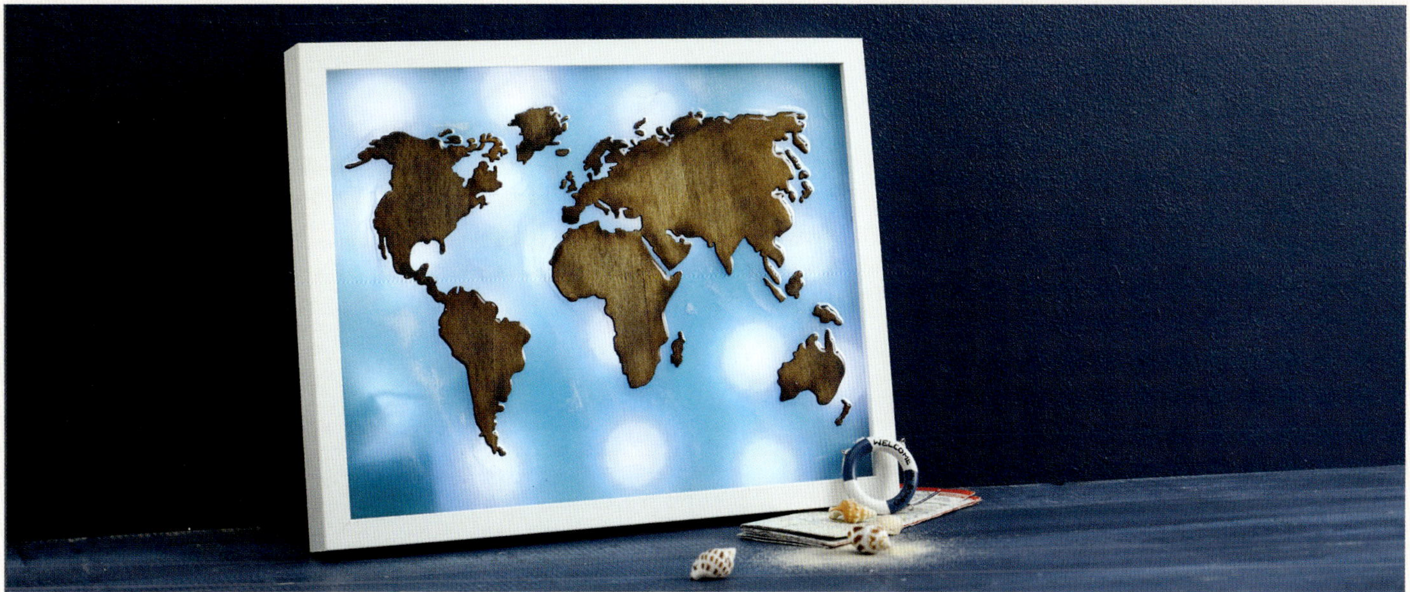

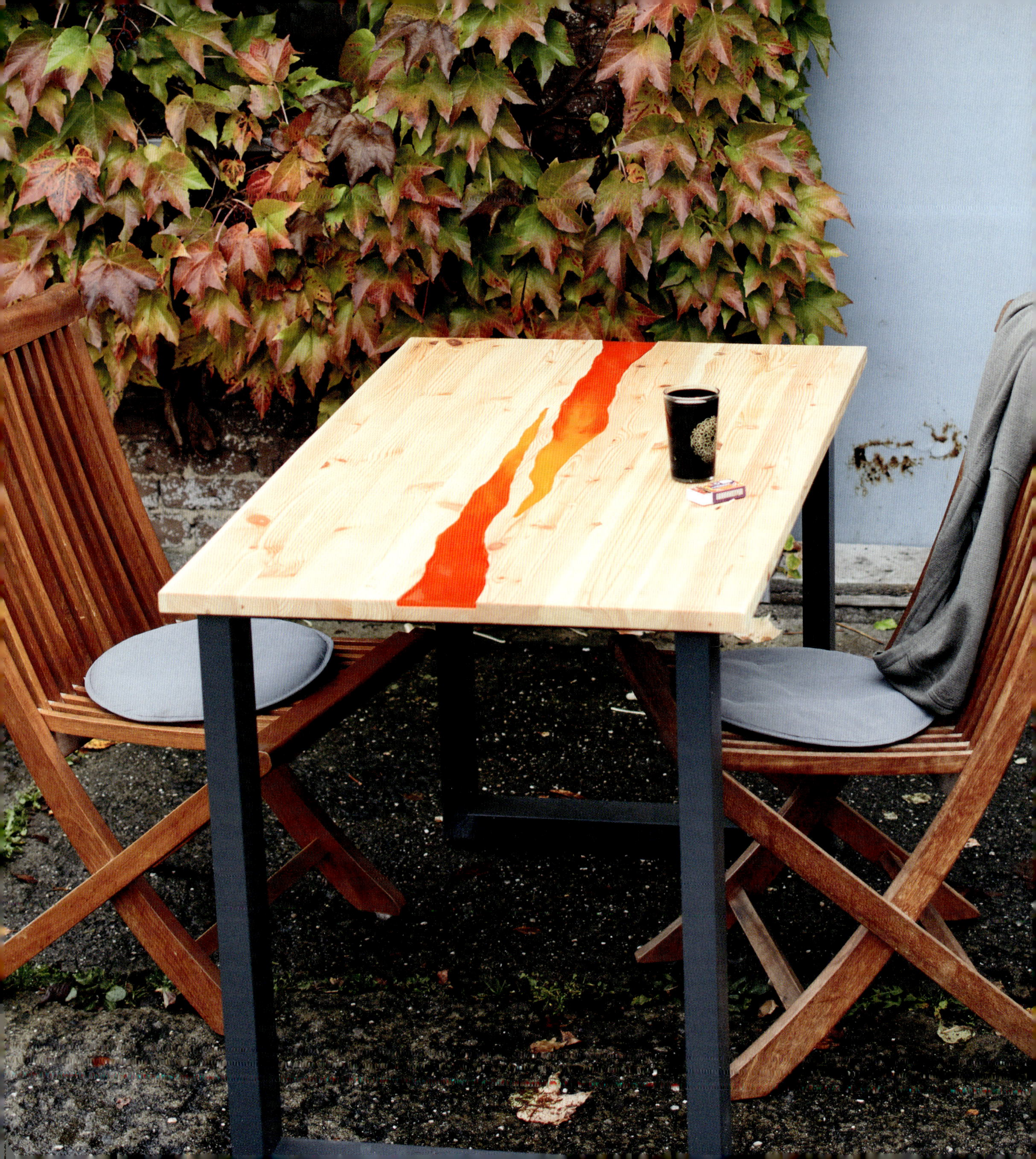

Vorwort

Vor zwei Jahren durfte ich auf einer Messe das Medium Resin kennenlernen, und es hat mich sofort in seinen Bann gezogen mit seinem Glanz und seinen vielfältigen Möglichkeiten, aber auch mit seinen Herausforderungen. Seither hat es mich nicht mehr losgelassen.

Das Material ist nicht einfach in der Handhabung und es gibt viele Kleinigkeiten, auf die man achten muss, damit sie das Endergebnis nicht stören. Doch wenn alles so wird, wie man es sich von Anfang an vorgestellt hat, dann ist dies ein unbeschreibliches Gefühl: Die Brillianz des Resin begeistert immer wieder aufs Neue – zumindest mir geht es so, bei jedem einzelnen Projekt.

Mit diesem Buch möchte ich Sie ermutigen, diesem Material mit offenem Herzen, viel Neugierde und auch ein wenig Mut zu begegnen. Ich erzähle Ihnen zunächst alles, was Sie im Vorfeld über Resin wissen müssen; so erhalten Sie die nötigen Grundkenntnisse, mit denen Sie sich dann frohgemut an die folgenden Projektideen wagen können.

Die Anleitungen und Projektideen sind eine Einladung von mir an Sie, mit dem Material zu experimentieren, Ihre Kreativität spielen zu lassen und sich immer wieder neu überraschen zu lassen. Gestalten Sie die Modelle, ganz wie es Ihnen gefällt – die verwendeten Farben, Formen, Zusätze, sie sind alle nicht in Stein gemeißelt, sondern lediglich Beispiele dafür, was möglich ist und was mir gefällt.

Ich wünsche Ihnen viel Freude, gutes Gelingen und wunderschöne, brillante Ergebnisse mit dem faszinierend vielseitigen Material Resin!

Ihre

Monika Firgau

Material und Techniken

Resin hat viele Namen: Gießharz, Kunstharz, Epoxidharz... Egal wie Sie es nennen: Dieses geniale Material ist voll im Trend, unaufwendig zu verarbeiten und ideal, um kleinere Möbel und Wohndeko-Objekte zu fertigen oder fertige Gegenstände wie Möbel, Bilderrahmen oder Holzbretter aufzuhübschen. Vor allem in Kombination mit Holz oder Eisen ist das vielseitige Resin ein echter Hingucker, denn man kann die verschiedensten Materialien und Farben eingießen und so ganz unkompliziert aus jedem Stück ein Designerteil machen. Die Grundlagen des Arbeitens mit Resin sowie alles, was an Zubehör dafür nötig und empfehlenswert ist, stelle ich Ihnen auf den folgenden Seiten vor.

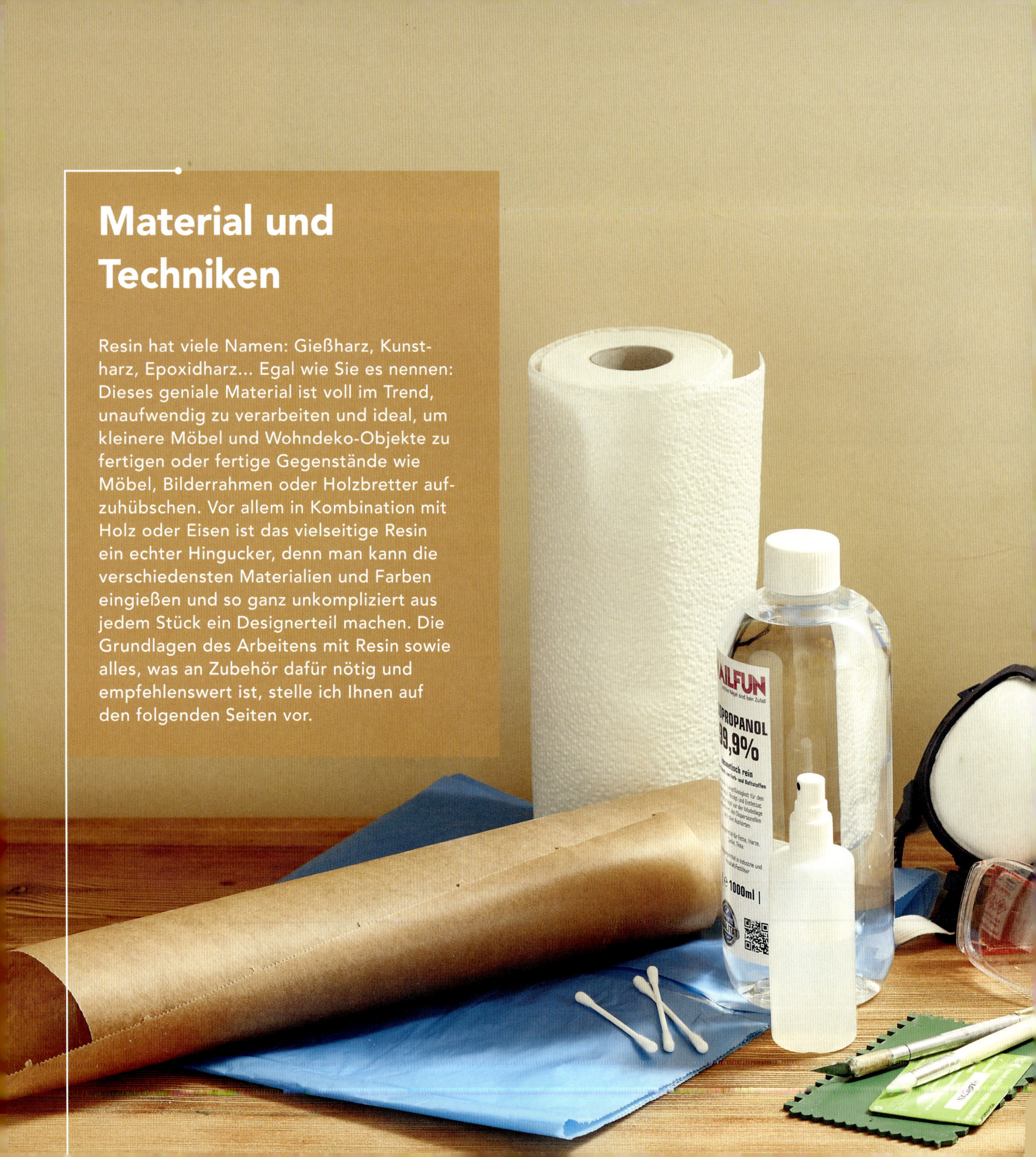

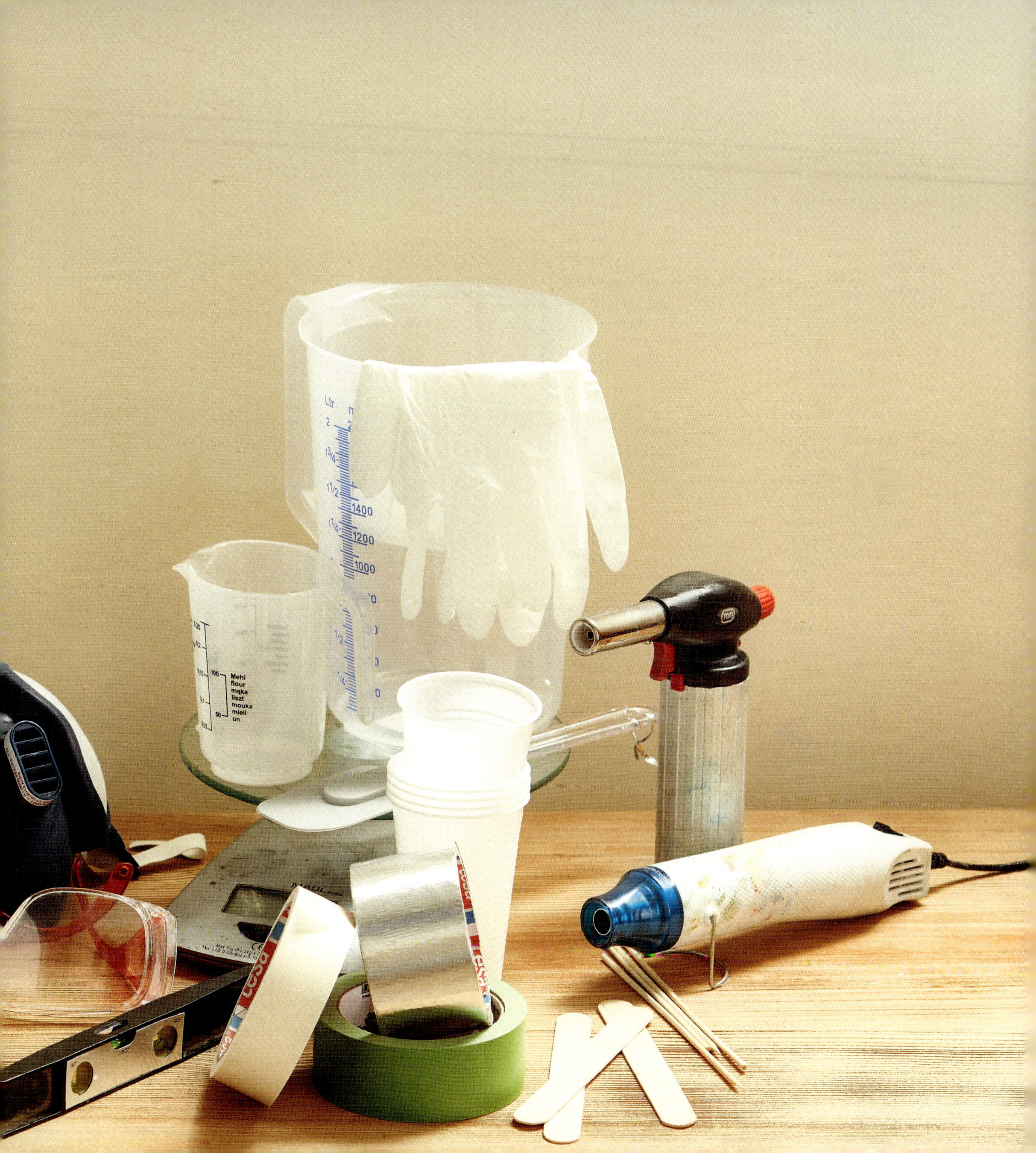
Ltr
1400
1200
1000
Mehl
flour
mąka
liszt
mouka
tesa

Das Material Resin

Wenn wir von Resin sprechen, meinen wir eigentlich etwas mehr, nämlich ein Epoxidharz, das aus zwei Komponenten besteht: aus Resin (engl. für „Harz") + Härter. Schon seit vielen Jahren findet dieses Kunstharz seinen Einsatz in Industrie, Haus- und Bootsbau. Seit einigen Jahren nun weckt es auch bei kreativen Gestaltungen immer mehr das Interesse.
Im richtigen Verhältnis miteinander vermengt, entsteht aus den beiden Komponenten ein festes, glasklar transparentes Material, das allerlei Möglichkeiten der Weiterverarbeitung offen lässt. Durch die Zugabe von unterschiedlichen Farben oder Pigmenten beispielsweise lässt sich das Resin einfärben, oder man streut Glitzerpartikel ein, um einen besonderen optischen Effekt zu erzielen; und ist das Resin ausgehärtet, kann man es polieren, bekleben, bemalen oder auch anbohren.

Unterschiedliche Eigenschaften und Qualitäten von Resin

Für unterschiedliche Anwendungsarten und Techniken gibt es unterschiedliche Arten von Resin auf dem Markt, die in puncto Viskosität, Verarbeitungszeit und erforderliche Aushärtungsdauer variieren. So ist zum Beispiel das Resin, das genutzt werden kann, um ein Objekt mit einer dünnen Schicht zu überziehen, ein anderes als das Resin, das in Verbindung mit Holz oder anderen Materialien eine mehrere Zentimeter dicke Schicht bilden soll.

Generell ist Resin ein kostspieliges Material, und trotzdem – oder gerade deswegen – sollte man nicht zugunsten eines günstigeren Preises an der Qualität sparen. Zum einen hat man durch die Verarbeitung von hochwertigem Kunstharz viele Jahre lang Freude an den angefertigten Objekten, zum anderen ist gute Qualität auch eine Garantie dafür, dass man seiner Gesundheit beim Umgang mit dem Material nicht schadet.
Qualitativ hochwertiges Resin

- ist ungiftig („non-toxic"),
- enthält keine Lösungsmittel,
- gibt keine Dämpfe ab („no VOCs"),
- ist geruchsfrei,
- ist nicht entflammbar,
- ist UV-stabil,
- vergilbt nicht,
- schrumpft nicht.

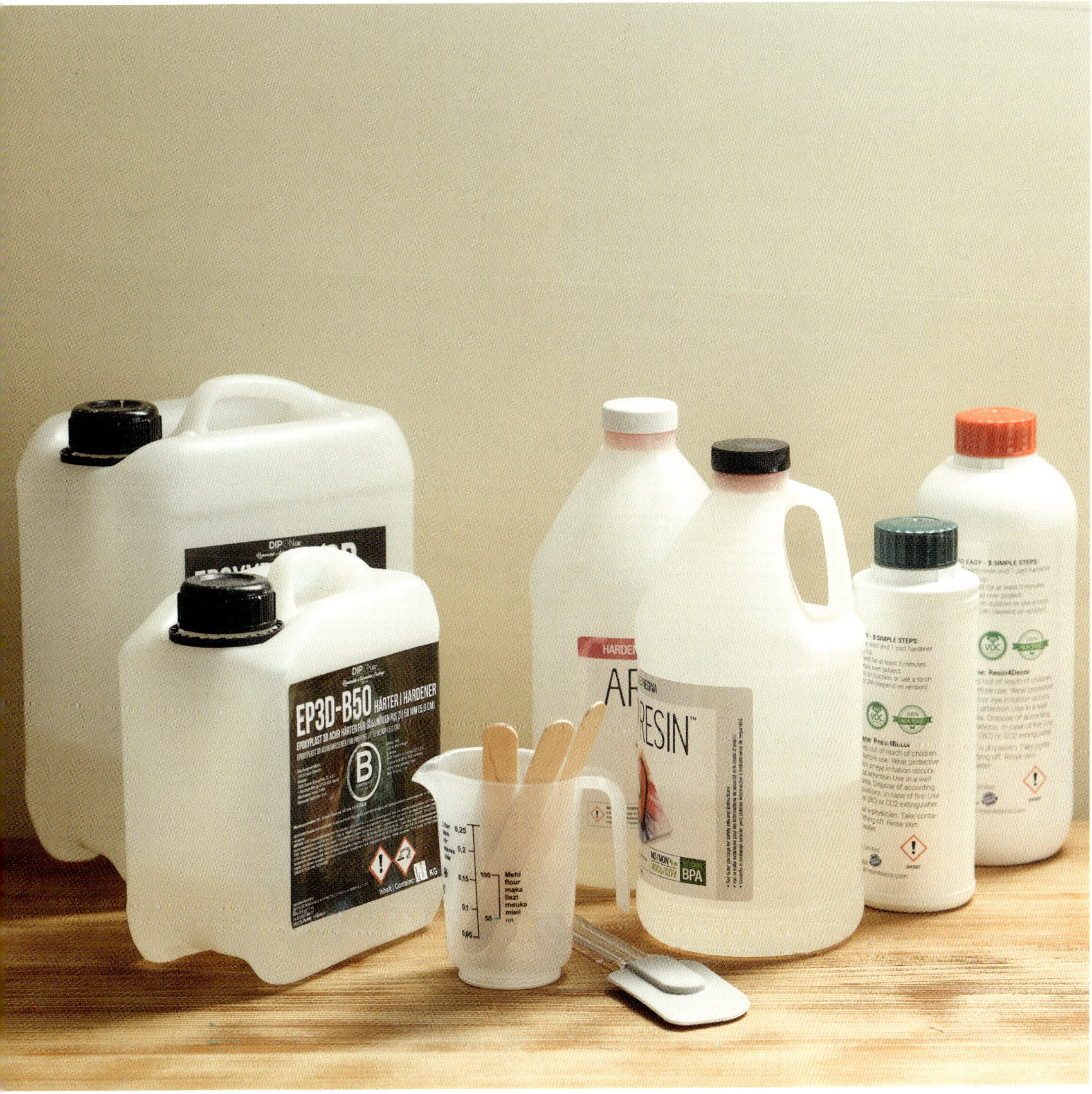
EP3D-B50 HÄRTER | HARDENER
RESIN
BPA

Geeignete Untergründe

Generell sind alle nicht-porösen Materialen gut als Untergrund für Resin geeignet, beispielsweise

- Holz,
- Holzwerkstoffe,
- Glas,
- Acrylglas,
- die meisten Kunststoffe,
- Metalle.

Wichtig ist, unabhängig von der Art des Untergrunds, dass die Oberfläche sauber, trocken sowie staub- und fettfrei ist.

Tipp

Bei Holz ist zu beachten, dass es gut durchgetrocknet und seine Oberfläche nicht zu offenporig ist. Es empfiehlt sich, die Holzoberfläche bzw. die Kanten – also alle Holzteile, die mit dem Resin in Berührung kommen – zunächst mit einer dünnen Schicht Resin zu versiegeln. Diese verhindert, dass Luftbläschen aus dem Holz aufsteigen, die später unweigerlich zu sehen wären.

Stabiler Untergrund als Basis

Da Resin ein relativ hohes Eigengewicht hat, muss es stets auf einen stabilen Untergrund aufgebracht werden. Sollen eher flexible Materialien wie dünnes Acrylglas oder Leinwand als Untergrund verwendet werden, bedarf es einer zusätzlichen Unterstützung durch eine Hilfsplatte. Bei Leinwänden klemmt man diese mit in den Keilrahmen, bei einer Glasscheibe legt man sie darunter. Die Platte sorgt dafür, dass der Untergrund nicht durchbiegt, sondern ganz plan aufliegt. So kann sich das Kunstharz gleichmäßig verteilen.

Hinweis

Bei einem Kunststoffuntergrund empfiehlt es sich, anhand einer kleinen Menge Resin im Vorfeld die Haftung zu testen: Es gibt Kunststoffe, die sich nicht mit dem Epoxidharz verbinden. Hat man einen solchen Untergrund, kann man diesen aber zumindest hervorragend als Arbeitsfläche einsetzen, als Gießform oder als Werkzeug, etwa zum Glattstreichen – also für alle Situationen, in denen sich das Material wieder ablösen lassen soll.

Geeignete Gießformen

Für Resin werden hauptsächlich Gießformen aus Silikon verwendet. Hat man eine glänzende Silikonform, erhält auch das gegossene Resin eine glänzende Oberfläche.

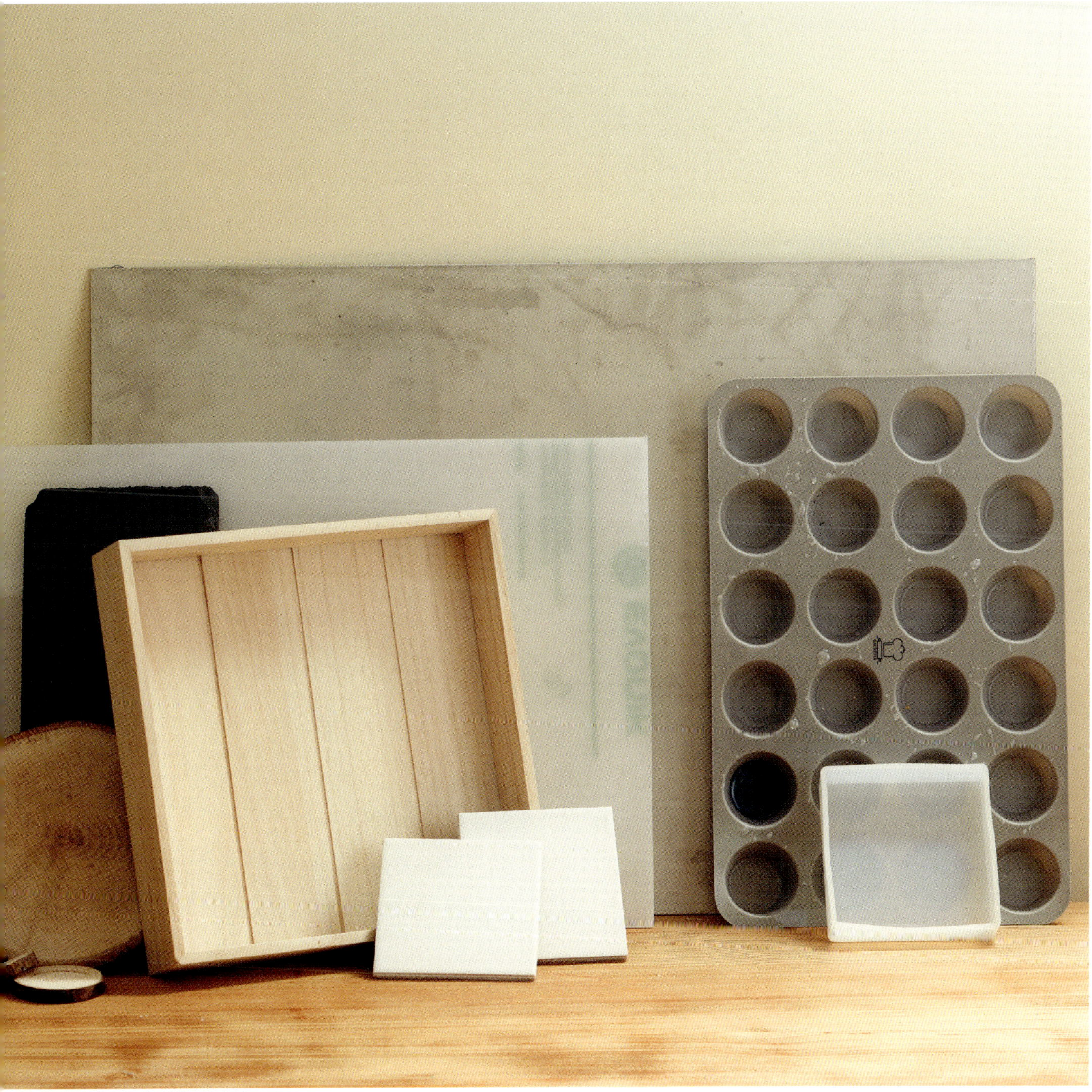

Ausrüstung und hilfreiche Werkzeuge

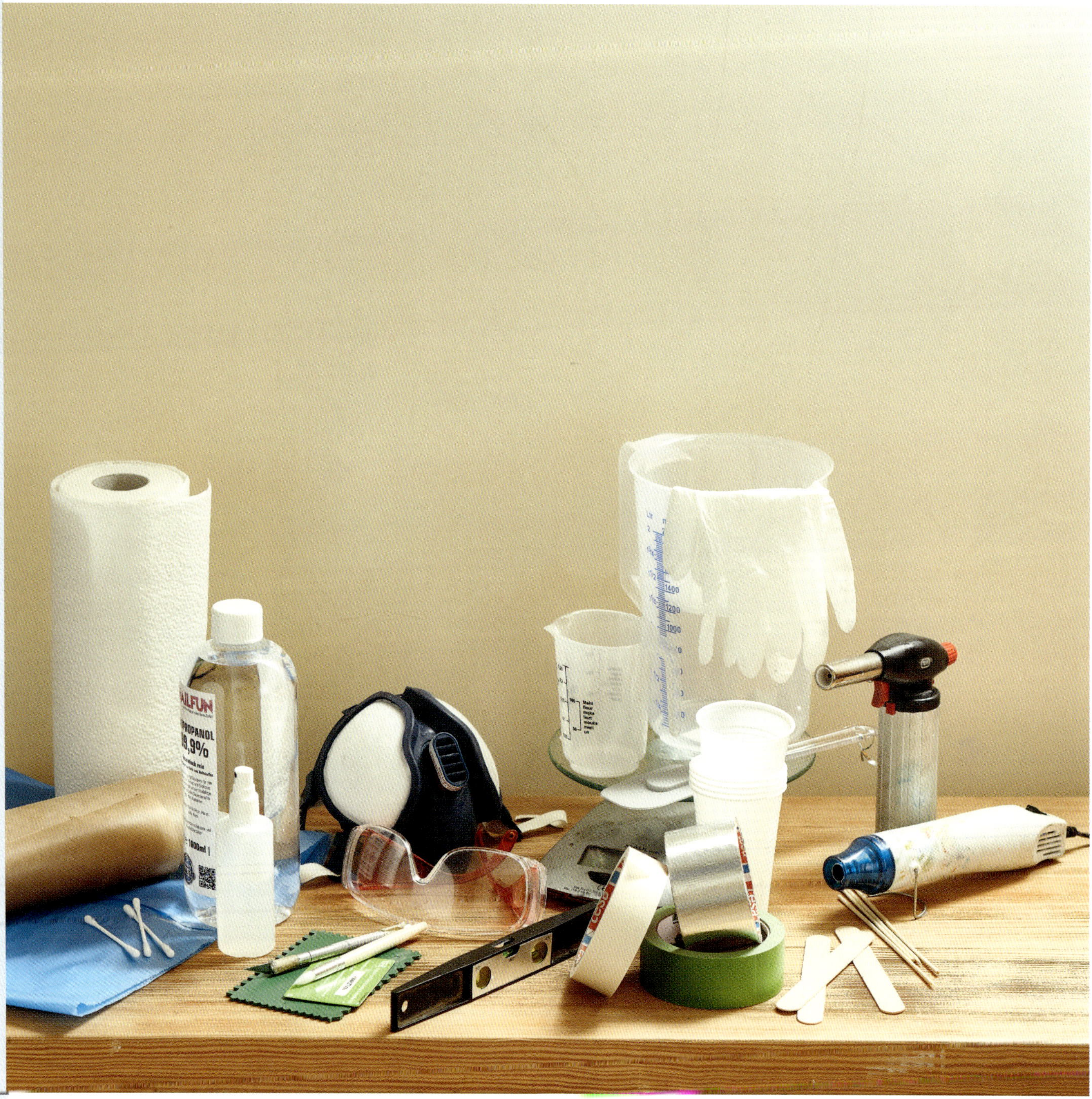

Hinweis
Die hier genannten Materialien und Werkzeuge sind die Grundausrüstung für das Arbeiten mit Resin; sie werden in den Materiallisten bei den Projekten (ab S. 36) nicht nochmal aufgeführt.

- Einmalhandschuhe, den besten Schutz bieten welche aus Nitril

Tipp
Handschuhe sind unbedingt notwendig, schon allein weil das Epoxidharz klebrig und nur schwer wieder zu entfernen ist. Es kann von Vorteil sein, mehrere Handschuhe übereinander anzuziehen, um während des Gießvorgangs schnell eine verklebte Schicht ausziehen zu können, z.B. wenn ein neues Werkzeug angefasst werden muss.

- Atemschutzmaske, empfohlen wird Schutzstufe A1 P2, und Schutzbrille

Tipp
Auch wenn das Resin nach Herstellerangaben ungiftig ist und keine Dampfe abgibt, sollte man sich dennoch ausreichend schützen, vor allem die Atemwege und die Augen.

- Messbecher in verschiedenen Größen mit möglichst kleinteiliger Skalierung, zum Abmessen der Mischmengen
- Waage

Hinweis
Manche Hersteller geben das Mischungsverhältnis nach Volumen an, andere nach Gewicht.

- Spatel oder Rührstäbchen aus Holz oder Kunststoff, zum Vermischen der Komponenten
- Kunststoffbehälter zum Anmischen kleiner Mengen sowie als Abstandhalter
- verschiedene Arten von Klebeband: Gewebeband, Aluklebeband, hochwertiges Malerkrepp
- Müllbeutel, Abdeckplane oder Wachstischdecke zum Schutz der Arbeitsfläche
- Isopropylalkohol (99,9%) zum Reinigen der Werkzeuge und für Effekte im Resin

Tipp
Am besten etwas Alkohol in eine Sprühflasche abfüllen!

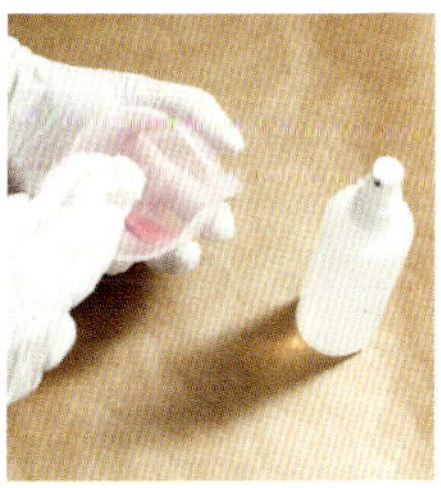

- Wasserwaage, um die Werkstücke vor dem Gießen exakt horizontal auszurichten
- Spachtel oder Kundenkarte zum gleichmäßigen Verteilen des Resin; bei großen Flächen sind Zahnspachtel sehr praktisch.
- Heißluftföhn mit Temperatur- und Luftregulierung für das Entfernen von Luftblasen und für besondere Effekte
- kleiner Gasbrenner für das Entfernen von Luftblasen
- Holz-Schaschlikspieße und Pinzette für das Entfernen von Haaren, Staubkörnern oder auch Luftbläschen
- Küchenrolle, Wattestäbchen
- scharfes Cuttermesser
- saubere Kartons oder Kunststoffbehälter zum Abdecken des Gießobjekts während des Aushärtungsprozesses

Den Arbeitsplatz einrichten

Man sollte im Vorfeld den Arbeitsbereich praktikabel einrichten und alle notwendigen Materialien bereitlegen, um einen möglichst reibungslosen Ablauf des Gießvorgangs zu ermöglichen.

> **Hinweis**
>
> Die Umgebung, in der gegossen wird, sollte staubfrei sein, da sich die Staubkörnchen in das gegossene Resin legen und so die Oberfläche stören können. Die Raumtemperatur liegt idealerweise konstant zwischen 20 und 25°C, auch noch während der Aushärtung: Niedrigere oder höhere Temperaturen haben Auswirkungen auf die Zeit, in der das Resin verarbeitet werden kann, sowie auf die Länge der Aushärtungszeit. Und auch das Resin selbst sollte Raumtemperatur haben; bei Bedarf kann es vor dem Gießen auch etwas angewärmt werden.

1 Die Arbeitsfläche vollständig mit einem Material abdecken, das sich nicht mit dem Resin verbindet. Gut geeignet sind dafür zum Beispiel

- Müllbeutel, seitlich aufgeschnitten und ausgebreitet,
- Wachstischdecken,
- Duschvorhänge,
- Backpapier für kleinere Bereiche

2 Die Arbeitsfläche mit der Wasserwaage exakt waagerecht ausrichten (s. gegenüber).

3 Je nach Werkstück kann es notwendig werden, die Kanten und/oder die Unterseite des Werkstückes abzukleben. Dazu eignet sich hochwertiges Kreppband oder Aluklebeband.

4 Die Oberflächen des Werkstücks von Staub, Schmutz und Fett befreien und trocknen.

5 Das Werkstück auf Becher oder andere Abstandhalter legen. Achtung: Die Becher dürfen seitlich nicht überstehen.

6 Das Werkstück mit der Wasserwaage exakt horizontal ausrichten. Dieser Schritt ist sehr wichtig, um zu verhindern, dass sich das Resin ungleichmäßig verteilt.

7 Alle weiteren benötigten Materialien und Werkzeuge wie Pigmente, Spatel, Behältnisse usw. (s. S. 19) bereitlegen.

8 Schutzkleidung, Handschuhe und Atemschutz anziehen. Es empfiehlt sich auch, lange Haare zusammenzubinden oder durch ein Tuch oder Haarband schützen: Es wäre ärgerlich, später einzelne Haare im Resin zu entdecken.

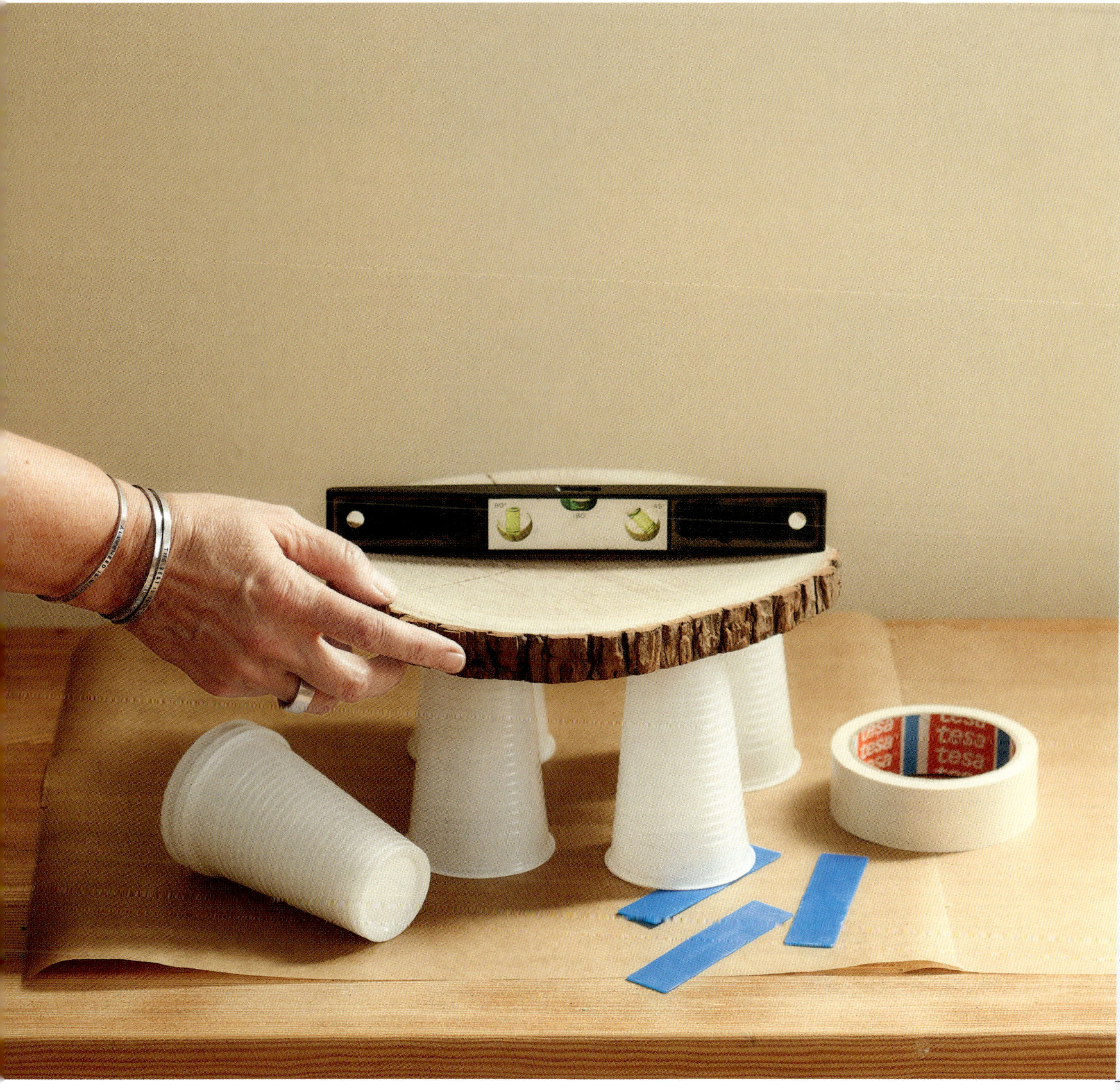
tesa

Resin anrühren und gießen

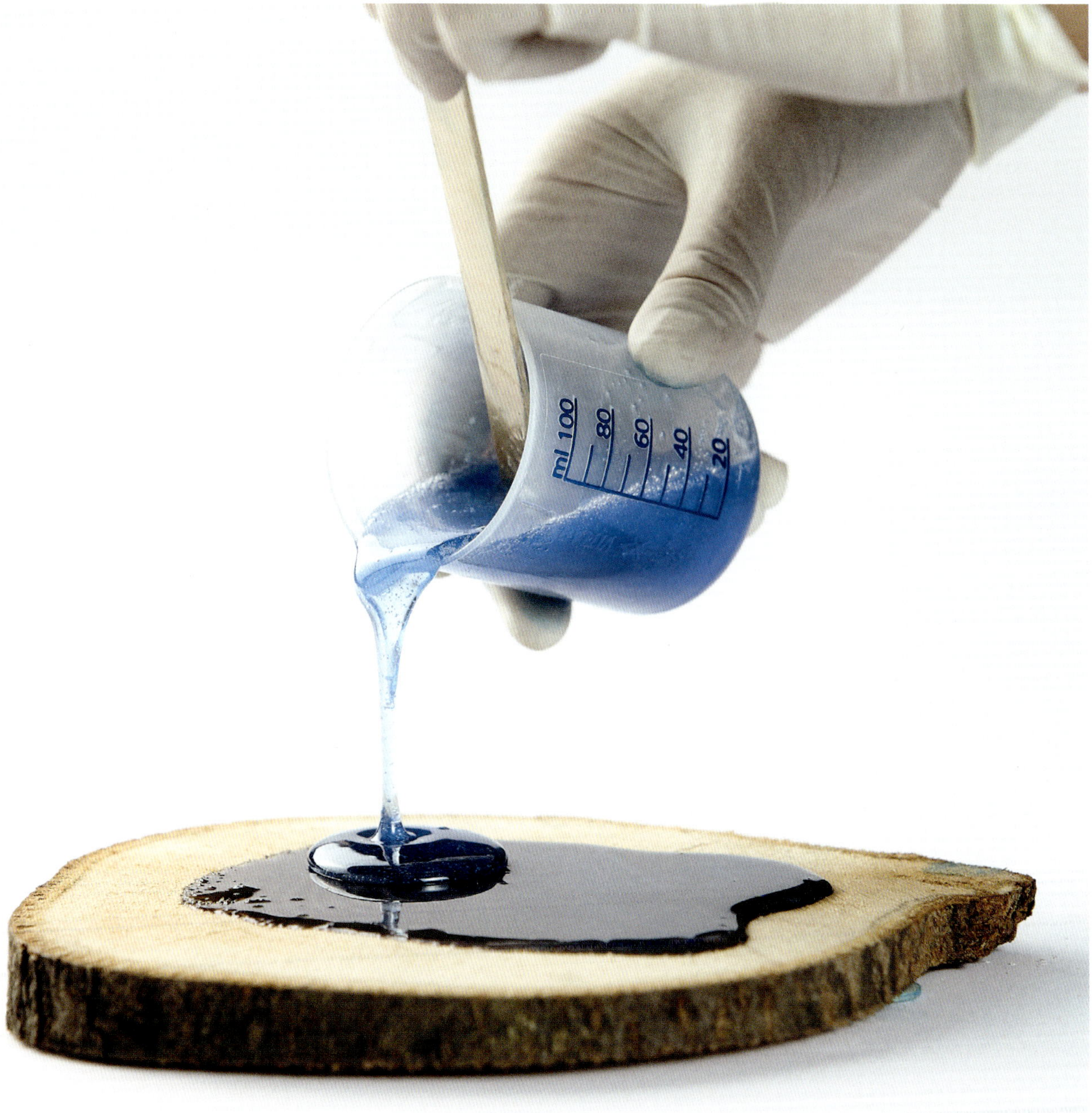

1 Die für das geplante Projekt erforderliche Menge Resin berechnen, dabei das vom Hersteller angegebene Mischungsverhältnis beachten: Meist sind die Komponenten im Verhältnis 1:1 oder 1:2 zu mischen, es können aber auch andere Mengenverhältnisse angegeben sein.

> Hinweis
>
> Teilweise bieten die Hersteller auf ihrer Homepage Resin-Rechner an. Ansonsten kann man sich an diese Formel halten:
>
> Länge/cm * Breite/cm * 0,158 = benötigte Resin-Menge/ml (bei einer Schichtdicke von ca. 3 mm)
>
> Wenn das Resin über den Rand hinausfließen oder auch die Kanten des Objekts bedecken soll, die Menge mit 1,2 multiplizieren.

2 Die jeweilige Menge Harz und Härter im Messbecher abmessen. Da die beiden Komponenten unterschiedliche Volumen haben und unterschiedlich schwer sind, bitte genau nachlesen, ob sich das Mischungsverhältnis auf Gewicht oder Volumen bezieht! Wenn das Gewicht die entscheidende Größe ist, zum Abmessen die Waage verwenden.

> Hinweis
>
> Immer nur so viel Resin vorbereiten, wie zum jeweiligen Zeitpunkt benötigt wird.

3 Die beiden Komponenten 3-4 Minuten lang stetig und langsam verrühren. Dabei immer wieder den Rand des Bechers abstreichen, damit hier nichts hängen bleibt. Während des Rührens verändert sich die Flüssigkeit von trüb zu klar.

> Hinweis
>
> Dabei wird unweigerlich Luft mit eingerührt. Durch langsames Rühren kann deren Menge verringert werden.

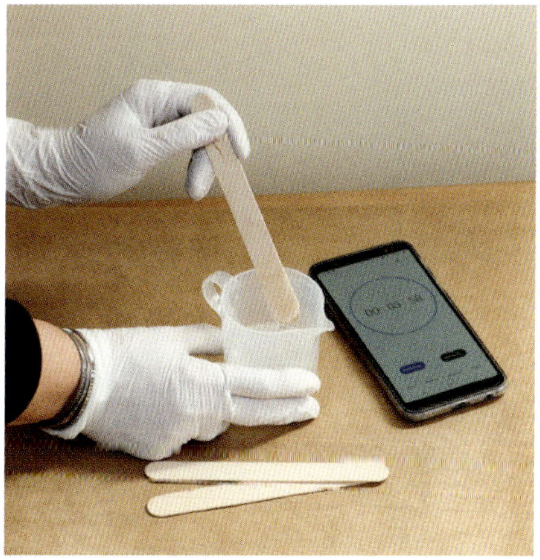

4 Zum Einfärben das fertig angerührte Resin ggf. auf verschiedene Becher verteilen und Farbe hinzufügen.

> Tipp
>
> Die Farbe wirkt im Mischbecher meist intensiver als auf der gegossenen Fläche, vor allem bei transparenten Farbtönen. Es empfiehlt sich daher, das Resin in kleinen Mengen vom Rührlöffel laufen zu lassen und den Farbton so zu überprüfen; auch eine kleine Probemenge auf einer Unterlage kann bei der Anmischung des richtigen Farbtons helfen.

5 Das Resin auf das Werkstück oder in die Form gießen und mit einem Spatel oder einer Kundenkarte gleichmäßig verteilen, bis an den Rand und in die Ecken, ggf. auch über die Kanten hinaus.

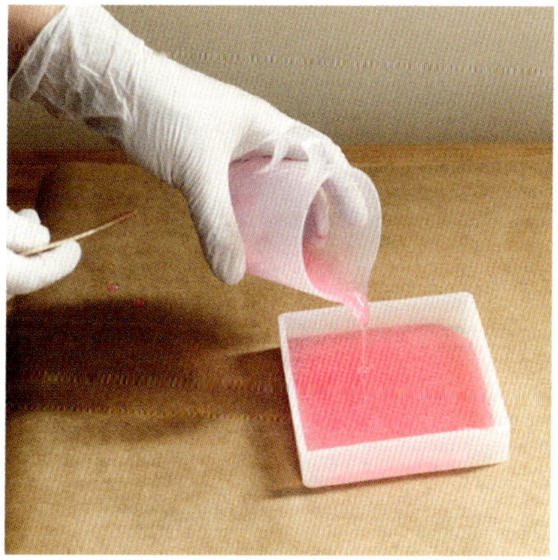

Effekte: Schichten und Farben

Schichten gießen

Je nach gewünschter Schichtdicke kommen unterschiedliche Resin-Arten mit unterschiedlicher Viskosität zum Einsatz. Dicke Schichten, wie sie zum Beispiel bei River Tables hergestellt werden, werden in der Regel in einem Arbeitsgang gegossen; das verwendete Resin ist flüssiger und härtet entsprechend länger aus.
Es lassen sich auch mehrere dünne Schichten übereinander gießen, die dann zusammen eine dicke Schicht ergeben. Damit lässt sich ein toller 3-D-Effekt kreieren, oder man nutzt solche Schichten, um Fehler auszumerzen.

Wenn man Schichten gießen möchte, hat man zwei Optionen:

1 Man wartet ca. 5 Stunden: Dann ist die erste Schicht schon etwas fester, aber noch zähflüssig, und verbindet sich gut mit der nächsten Schicht.

2 Man wartet ca. 24 Stunden, bis die erste Schicht vollständig ausgehärtet ist, und macht dann einen Zwischenschliff mit Schleifpapier in 120er-Körnung: So können sich die Schichten trotzdem wieder miteinander verbinden.

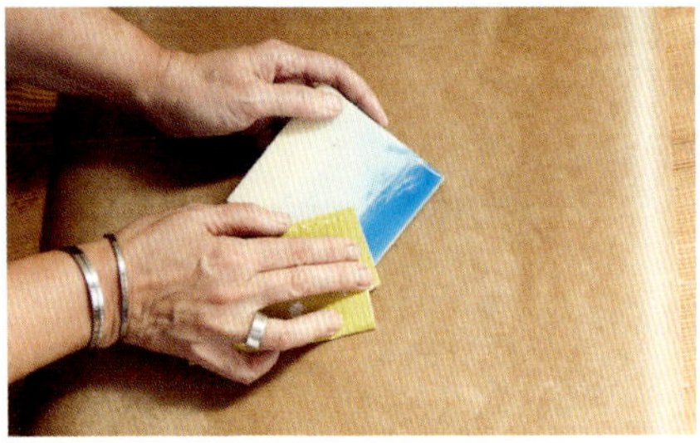

> **Tipp**
> Vor dem Gießen der zweiten Schicht sorgfältig den Staub vom Schleifen entfernen!

Resin einfärben

Das durchsichtige Resin kann direkt nach dem Vermischen der Komponenten mithilfe von verschiedensten Farben eingefärbt werden. Geeignet ist dafür:

- Acrylfarbe: kann durch das Bindemittel dazu führen, dass das Resin leicht matt wird. Wenn dieser Effekt nicht gewünscht ist, kann man auf Farben mit einem farblosen Acrylbinder zurückgreifen, wie sie beispielsweise auch bei „Fluid painting" eingesetzt werden.

> **Tipp**
> Durch die Acrylfarbe kann das Resin schnell dick und zähflüssig werden; es empfiehlt sich daher, Acrylfarben vor allem für Akzente in einer Fläche zu verwenden. Will man größere Mengen Resin damit einfärben, sollte man zunächst nur eine kleine Menge anmischen und das Verhalten testen.

- Pigment in Pulverform: Es gibt allerlei Varianten, von fluoreszierend über irisierend bis hin zu Metallic-Pigmenten.

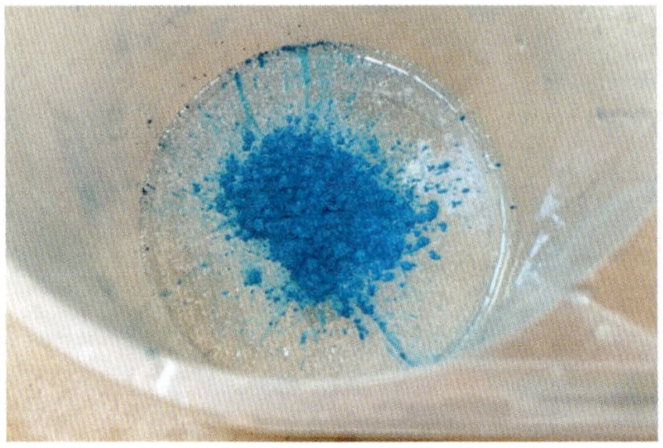

> **Tipp**
> Nicht alle Pigmente sind gleich gut für das Arbeiten mit Resin geeignet, daher am besten mit einer kleinen Menge Resin testen, ob das vorhandene funktioniert. Wenn sich Pigment und Kunstharz nicht richtig vermischen wollen, kann es helfen, die Pigmente zunächst mit der Harz-Komponente zu vermischen und erst dann den Härter zuzugeben.

- Tinte („ink"): in Alkohol oder einem anderen Lösungsmittel gelöstes Pigment, das in der Regel sehr intensiv färbt – es reichen daher meist schon wenige Tropfen aus.

> **Hinweis**
> Mit Farben kann man nach Belieben herumexperimentieren, viele Arten funktionieren mit dem Material und es können so unterschiedlichste Effekte erzielt werden. Bei allen Farbzusätzen sollte jedoch darauf geachtet werden, dass ein Farbanteil von 10 % nicht überschritten wird.

Andere Effekte schaffen

Neben Farben kann man dem Resin alle möglichen anderen Zusätze beimischen.

- Resi-Blast: polymere Flüssigkeit, die tropfenweise entweder mit dem Resin vermischt oder nach dem Gießen punktuell auf das noch flüssige Kunstharz getropft wird. Sie erzielt Strukturen und bildet Zellen verschiedener Größe im Harz.

> **Tipp**
> Durch Hitze kann der Effekt des Resi-Blast noch verstärkt werden.

- Isopropyl-Alkohol oder Ethanol (Spiritus): wird dem Resin tropfenweise beigemischt, bildet ebenfalls Zellen unterschiedlicher Größe.
- Glitter, Dekosteine, Sand, Kristalle: Es gibt so gut wie keine (streubaren) Materialien, die nicht beigegeben werden können, um Strukturen und 3-D-Effekte zu erzeugen.

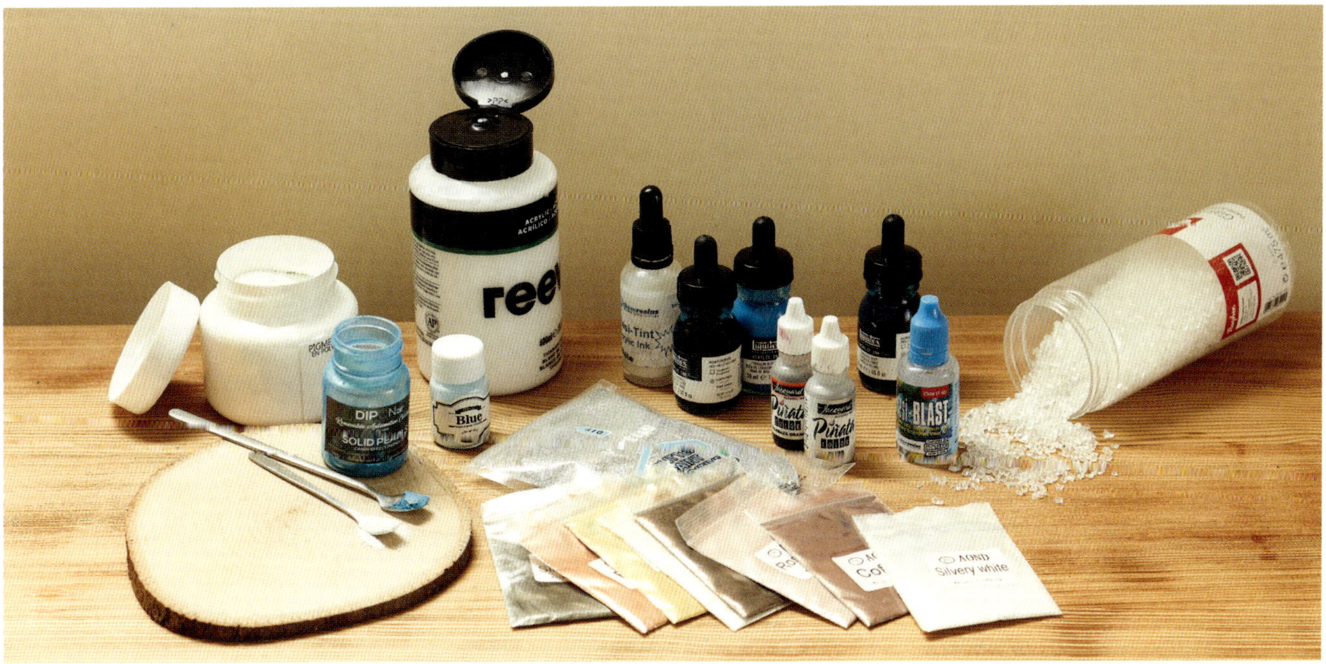

Nach dem Gießen

Luftbläschen entfernen

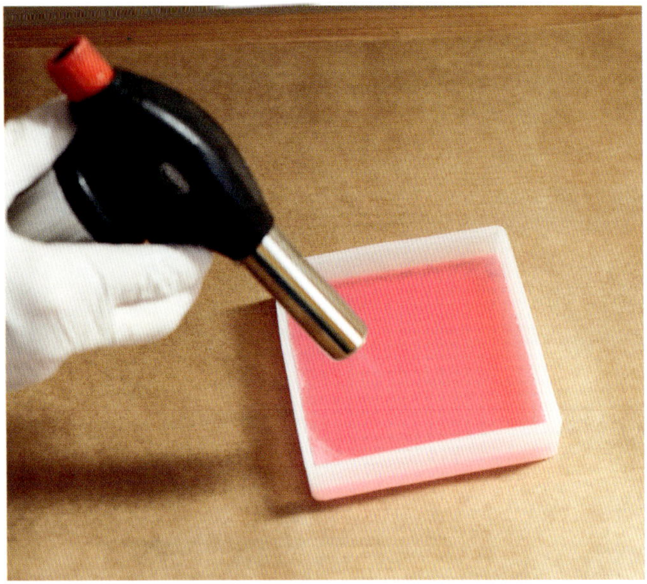

Kleine Luftbläschen im Resin werden mithilfe eines kleinen Gasbrenners entfernt. Dazu mit dem Brenner in einem Abstand von ca. 10 cm über das Resin „fliegen"; dabei kann man gut beobachten, wie die Luftbläschen platzen.
Wenn Sie statt eines Gasbrenners einen Heißluftföhn verwenden, um die Bläschen zu entfernen, stellen Sie den Luftstrom so sanft wie möglich ein: Das Resin könnte sonst „Wellen schlagen".

> **Hinweis**
> Vorsicht: Das Epoxidharz kann verbrennen, wenn der Brenner zu lange auf einer Stelle verharrt und das Harz dadurch zu heiß wird. Wenn sich das Kunstharz in einer Silikonform befindet, ebenfalls sehr vorsichtig sein mit dem Brenner, auch diese halten Hitze nicht gut aus. In letzterem Fall ist der Heißluftföhn die bessere Wahl.

Das Werkstück abdecken

Nach dem Entfernen der Luftbläschen muss das Objekt abgedeckt werden, möglichst vollständig. Wenn das Objekt zu groß ist, um komplett umschlossen werden zu können, sollte zumindest die Oberfläche vollständig abgedeckt werden. Nur so lässt sich verhindern, dass sich Staubkörnchen oder andere Partikel aus der Luft auf das noch flüssige Resin legen und die Oberfläche stören.

> **Tipp**
> In der ersten Stunde nach dem Gießen das gegossene Objekt hin und wieder überprüfen, um neue Luftbläschen oder andere Störfaktoren gleich entdecken und entfernen zu können.

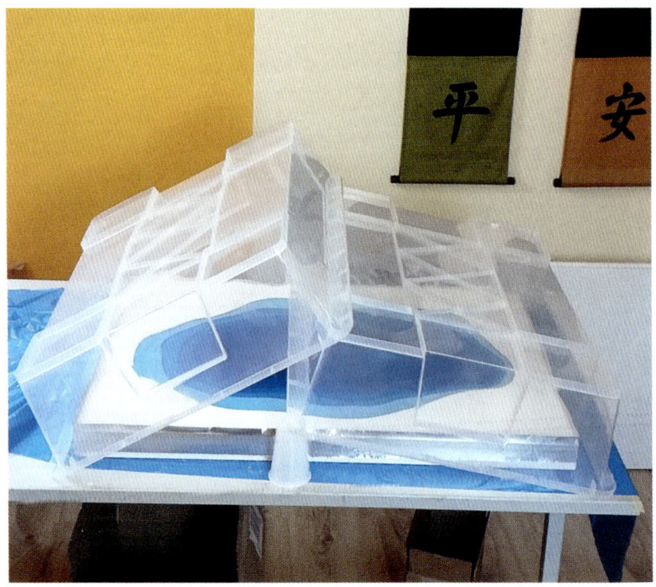

Kanten gestalten

Ganz nach Geschmack, Anwendung und persönlichen Fähigkeiten gibt es verschiedene Möglichkeiten, die Kanten der fertigen Werkstücke zu gestalten. Die Schichtdicke und die Viskosität des verwendeten Resin beeinflussen diese Möglichkeiten.

Resin-Objekte aus der Gießform

Dicke Schichten werden mit relativ flüssigem Resin gegossen. Für Objekte aus solchen dicken Schichten werden Gießformen verwendet, je nach gewünschter Form. Wenn man selbst eine Gießform herstellen möchte, sollte man Holzwerkstoffplatten verwenden und die Fugen mit Silikon abdichten.
Die Kanten solcher Objekte werden nach dem Ausschalen in der Regel geschliffen und poliert.

Resin-Oberflächen

Auf Gegenstände, deren Oberfläche das Resin tragen soll, wird meist nur eine dünne Harzschicht aufgetragen. Es gibt mehrere Optionen, die Kanten zu gestalten:

1 Das Resin soll bis über die Kante reichen. Dafür im Vorfeld die Unterseite des Gegenstands mit Klebeband abkleben und das Resin mit einem Spatel glatt bis über die Kante hinausziehen. Das Klebeband kann nach ca. 8–10 Stunden abgezogen werden; dabei werden auch die Resin-Tropfen entfernt, die sich in der Regel an der Unterseite sammeln.

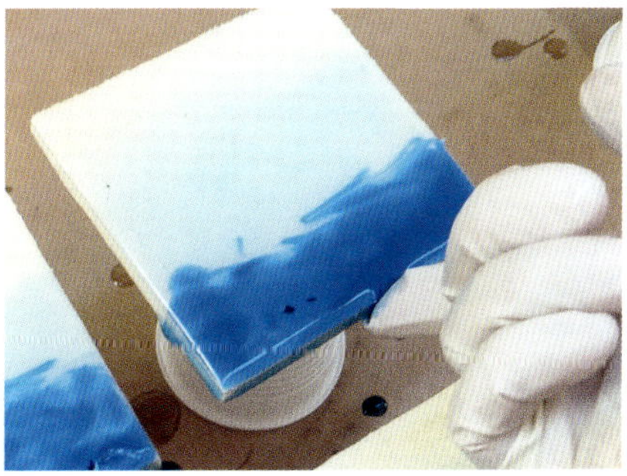

2 Wenn das Resin nur exakt bis an die Kante reichen soll, muss die Kante vorher mit Klebeband abgeklebt werden. Ein kleiner Überstand nach oben bildet eine Barriere für das gegossene Epoxidharz. Das Klebeband auf der Kante sollte nach ca. 4–6 Stunden abgezogen werden: Dann ist das Material schon etwas fester, aber noch nicht vollständig ausgehärtet.

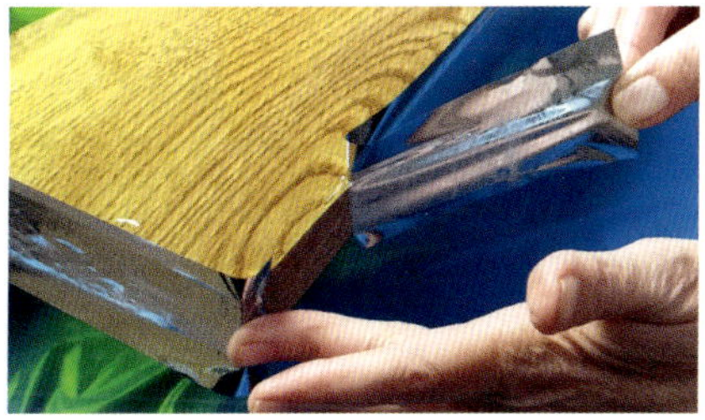

Tipp

Bei Flächen mit einer scharfen Kante ist es mit etwas Übung auch möglich, das Resin in der Mitte zu verteilen und zum Rand hin vorsichtig auszustreichen, sodass es bis an die Kante, jedoch nicht darüber hinaus läuft.

Oberflächenbehandlung

3 Vor allem bei größeren, stärkeren Objekten, die in einer dicken oder mehreren dünneren Schichten gegossen wurden, kann man die Kante mit einem stabilen Klebeband (z.B. Aluklebeband) mit Überstand bekleben. Wenn das Objekt vollständig ausgehärtet ist, können die Kanten mit der Kreissäge nachgeschnitten werden. So erhält man eine exakt gerade Kante, die zum Beispiel nun noch lackiert werden kann.

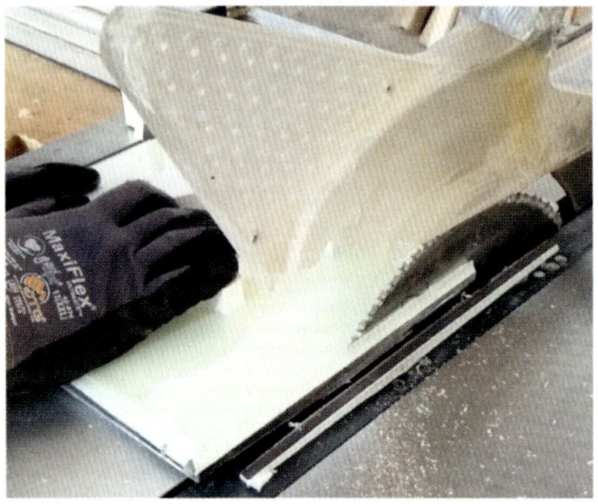

Hinweis

Sind nach dem Gießen an den Kanten Unregelmäßigkeiten oder Tropfnasen zu sehen, können diese mit Schleifpapier vorsichtig glattgeschliffen werden. Anschließend überstreichen oder mit einem Pinsel eine weitere, ganz dünne Resin-Schicht auftragen. In den ersten 24 Stunden ist das Material auch noch weich genug, dass Resin-Überschüsse mit einem Cuttermesser abgeschnitten werden können.

Das Resin hat nach dem Aushärten eine glatte, glänzende Oberfläche, die keine zusätzliche Behandlung benötigt. Wenn dennoch zusätzliche Arbeitsschritte gemacht werden, wie z.B. bei River Tables, für welche das Resin abgefräst oder abgeschliffen werden muss, ist es anschließend notwendig, die Oberfläche durch Schleifen und Polieren wieder auf Hochglanz zu bringen. Dies ist nicht schwierig, aber recht langwierig.

Für den Abschluss hat man verschiedene Möglichkeiten:

- eine weitere dünne Resin-Schicht aufbringen: Hierfür wird die gesamte Oberfläche angeschliffen, die Kanten werden mit Überstand nach oben abgeklebt und eine weitere dünne Schicht Resin wird aufgegossen und verteilt. Man beginnt damit auf der Rückseite, lässt die Schicht vollständig aushärten und bearbeitet dann auf gleiche Weise die Vorderseite.
- PU-Lack aufbringen auf das geschliffene Resin und angrenzendes Holz: Das Holz wird zunächst mehrfach geschliffen, dabei wird die Körnung immer feiner, bis hin zu 400. Dann wird der Lack aufgebracht.

Hinweis

Lackieren ist nicht einfach, man braucht dafür viel Erfahrung und eine gute Ausrüstung. Diese Art des Finishing ist darum eher für Profis geeignet.

- Resin polieren, angrenzendes Holz ölen: Sowohl Holz als auch Resin sorgfältig anschleifen, dabei wird die Körnung immer feiner, bis hin zu 300. Empfehlenswert ist ein Exzenterschleifer, da dieser durch die Vibration ein gleichmäßigeres Ergebnis ermöglicht. Anschließend die Oberfläche nass schleifen; auch dabei wird die Körnung immer feiner, bis hin zu 1200. Für ein glänzendes Finishing wird das Resin mit Polierpaste poliert und das Holz mit Öl eingelassen.

Arbeitsmaterialien reinigen

Resin ist ein sehr klebriges Material, das von Textilien und vielen anderen Materialien nicht mehr zu entfernen ist. Darum ist der Kontakt damit so weit wie möglich zu vermeiden.

> Hinweis
>
> Sollte das Resin trotz ausreichendem Arbeitsschutz – den man bitte immer einhalten sollte – auf die Haut gelangt sein, sofort mit Essig und viel Seife abwaschen.

Werkzeuge wie Becher und Spatel können und sollten nach Gebrauch gereinigt und wiederverwendet werden.

Ausgehärtetes Resin entfernen

Erst, wenn das Resin im Becher ausgehärtet ist, kann es komplett entfernt werden. Man kann den Messbecher entweder, solange das Resin noch flüssig ist, kopfüber auf eine geeignete Unterlage stellen, damit es vollständig auslaufen kann.
Oder – besonders bei kleinen Messbechern zu empfehlen – man stellt den verwendeten Holzspatel hinein und lässt diesen mit aushärten. Mithilfe des Spatels lassen sich die Harzreste später herauslösen: einfach herausziehen.

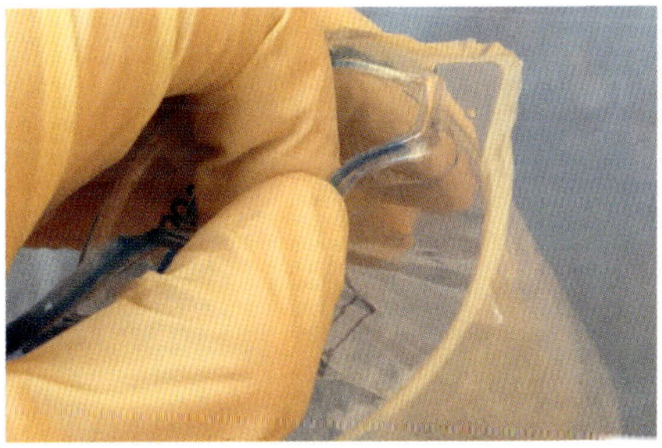

> Hinweis
>
> Pinsel, mit denen Resin aufgetragen wurde, können nicht mehr gereinigt werden. Daher bitte möglichst ein anderes Werkzeug verwenden und niemals einen hochwertigen Pinsel. Ein verwendeter Pinsel darf allerdings keine Haare verlieren.

Flüssiges Resin entfernen

Von Werkzeugen lässt sich Resin nur entfernen, solange es noch flüssig ist. Dazu ein mit Isopropyl getränktes Tuch verwenden und das Werkzeug damit säubern. Auch große Messbecher sollten auf diese Weise gereinigt werden.

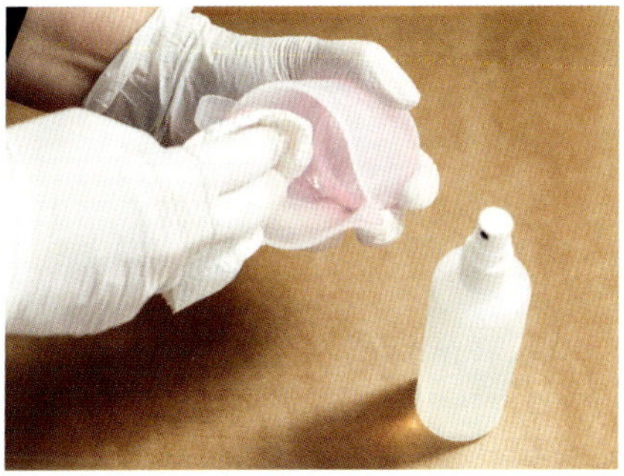

> Tipp
>
> Den Alkohol in eine Sprühflasche abfüllen und einfach aufsprühen!

Die Techniken

Coating

Überzieht man Fotos oder Posterdrucke mit einer Schicht Resin, werden die darunterliegenden Farben verstärkt und noch mehr zum Strahlen gebracht.
Man kann auch mehrere Schichten Resin gießen und dazwischen Objekte einkleben; das wirkt besonders plastisch und erzeugt eine 3D-Optik.

Embedding

Viele Objekte können in Resin eingebettet werden.

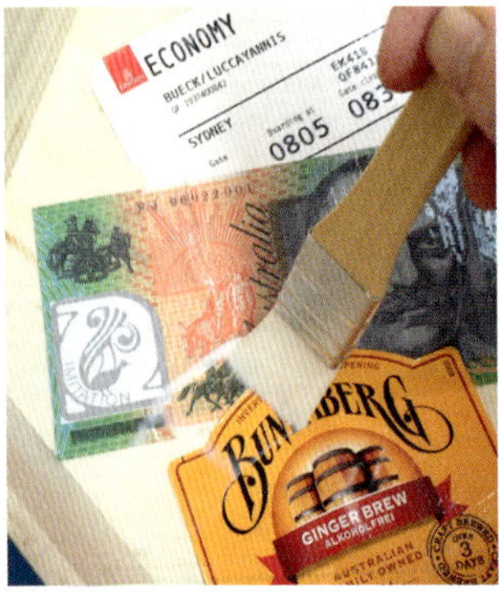

Hinweis

Materialien, die eingebettet werden sollen, müssen komplett durchgetrocknet sein.

Bei Naturmaterialien wie Holz oder auch bei Papierobjekten können nach dem Gießen Luftbläschen austreten. Dies kann aber leicht verhindert werden: einfach die Holzobjekte, die eingebettet werden sollen, vorher mit ein wenig Klarlack versiegeln oder mit einer sehr dünnen Schicht Resin.

Hinweis

Entscheidet man sich für Resin, muss dieses nach dem Aushärten auf dem Holzstück und vor dem Einbetten in das eigentliche Werkstück angeschliffen werden.

Lacing

Kombiniert man eingefärbtes Resin mit weißem Resin und Zusätzen wie Resi-Blast oder Ethanol und behandelt man die Mischung gezielt mit dem Heißluftföhn, können spektakuläre Strukturen und Effekte erzeugt werden, die an Wellen oder Zellen erinnern.

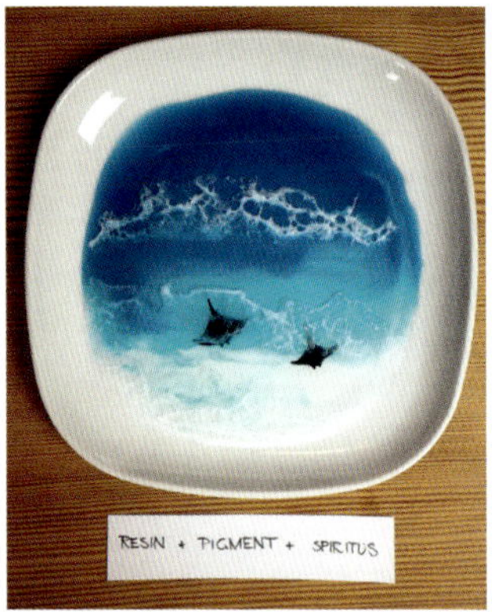

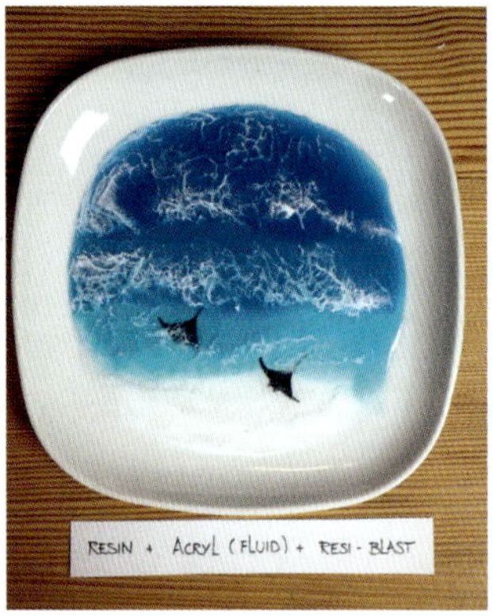

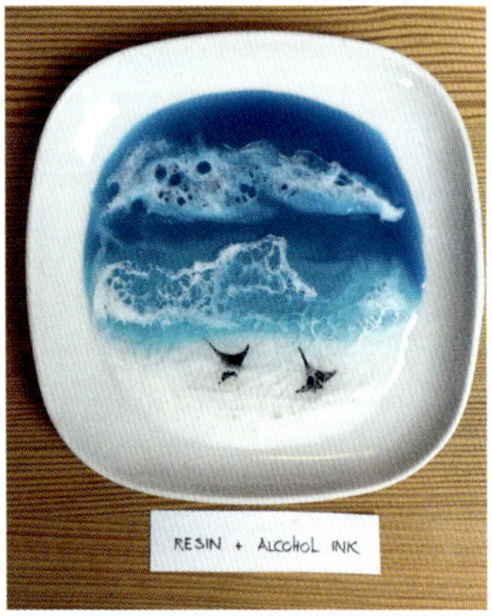

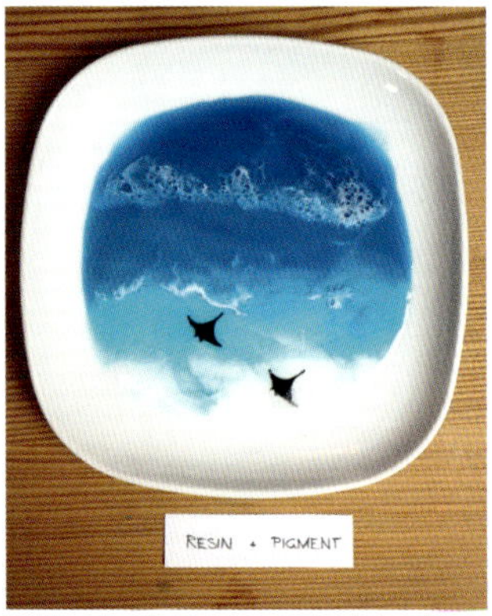

Dripping

In Resin, das in eine Gießform gegossen wurde, werden Tropfen von abwechselnd farbiger und weißer Tinte („alcohol ink") eingebracht: Das schwerere Weiß sinkt dabei zu Boden und zieht die anderen Farben mit sich; dadurch ergeben sich spannende Muster und Effekte, die man mithilfe von Zahnstochern o.ä. verstärken und ein wenig steuern kann.

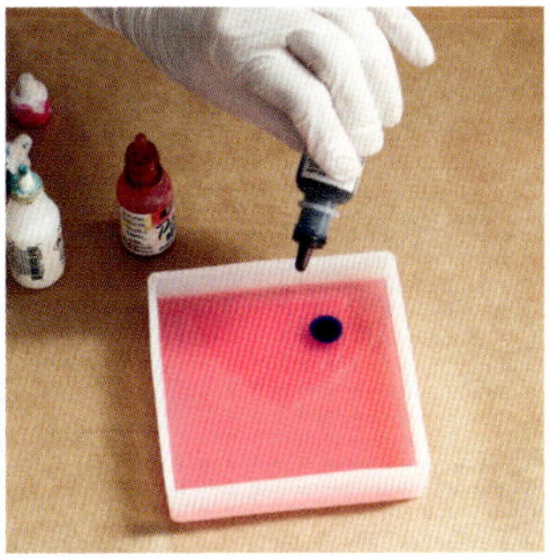

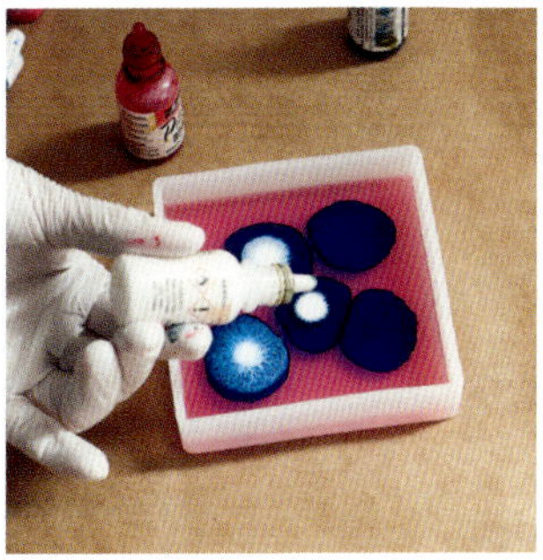

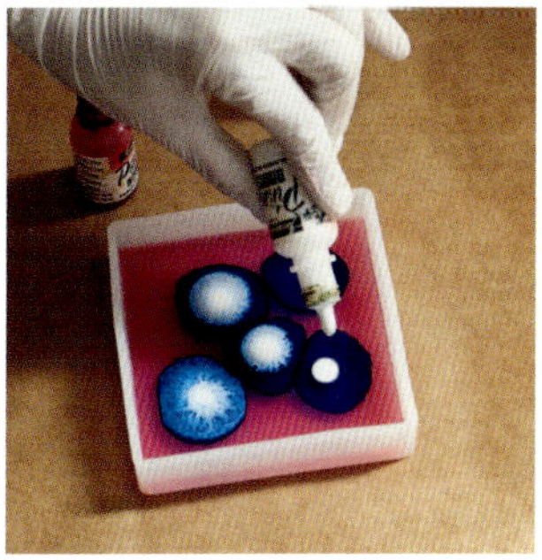

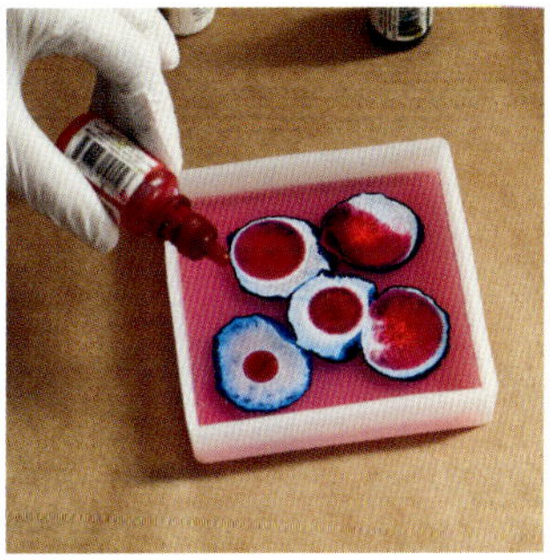

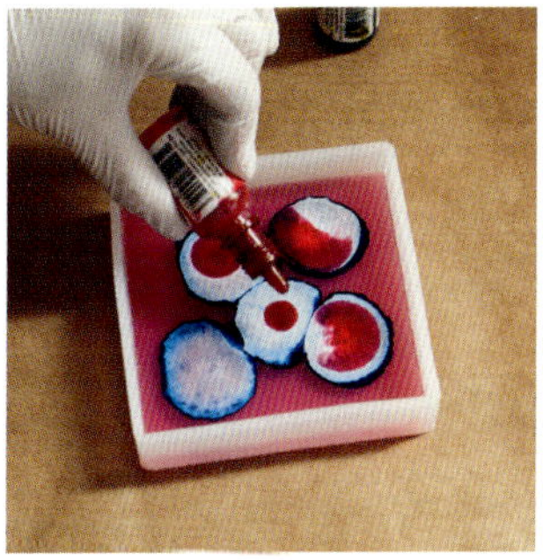

Deep Pouring

Mit diesem Begriff wird die Technik bezeichnet, Resin in Schichtdicken bis zu 5 oder sogar 10 cm Stärke zu gießen. Dieses Vorgehen wird vor allem im Möbelbau eingesetzt, das prominenteste Beispiel sind die River Tables: Für diese Tische werden Holzbohlen mittels klarem Resin miteinander verbunden. Das Ergebnis ist ein interessanter Kontrast zwischen dem massiven Material des Möbels und dem transparenten Resin-Block dazwischen.

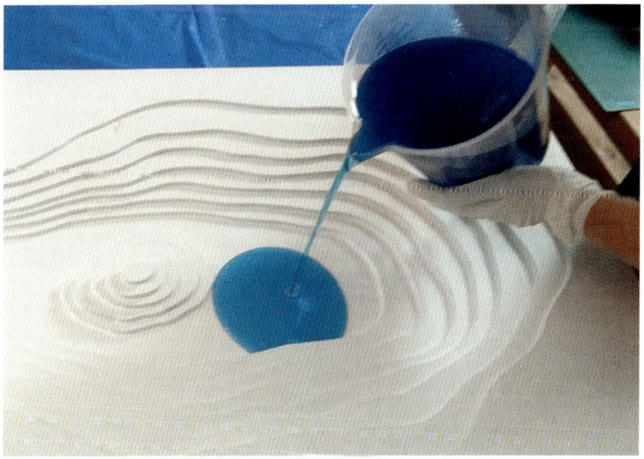

Problembehebung

Beim Gießen von Resin braucht man viel Geduld, und nicht allzu selten schleichen sich trotzdem kleine Fehler ein. Aber zum Glück sind die meisten Probleme durch Anschleifen und eine weitere Schicht Resin recht unkompliziert zu beseitigen.

Eingeschlossene Haare und Staubkörnchen

In der ersten Stunde nach dem Gießen sind kleine Störfaktoren auf der Oberfläche noch gut mit einem Holzstäbchen, einem kleinem Nagel oder einer Pinzette zu entfernen.
Ist das Resin bereits ausgehärtet, wird es etwas aufwendiger, aber es ist dennoch gut möglich, die fehlerhaften Stellen auszubessern: durch Schleifen oder auch durch das gezielte Ausfräsen der Stellen. Anschließend wird auch der Rest der Fläche angeschliffen und der Staub vom Schleifen gut abgewischt. Zum Abschluss bringt man schließlich eine weitere Schicht Resin auf, diese verbindet sich mit der unteren Schicht und Kratzer oder Unebenheiten sind nicht mehr zu sehen.

Übrigens können auf diese Weise auch z.B. Farbtropfen entfernt werden, die beim Dripping bis nach unten gesackt und dort nicht erwünscht sind.

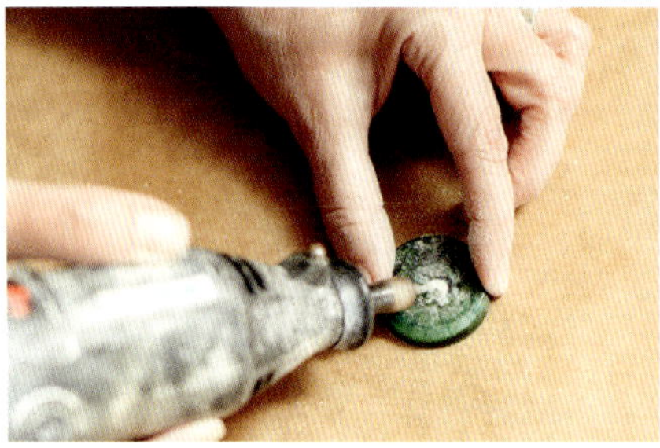

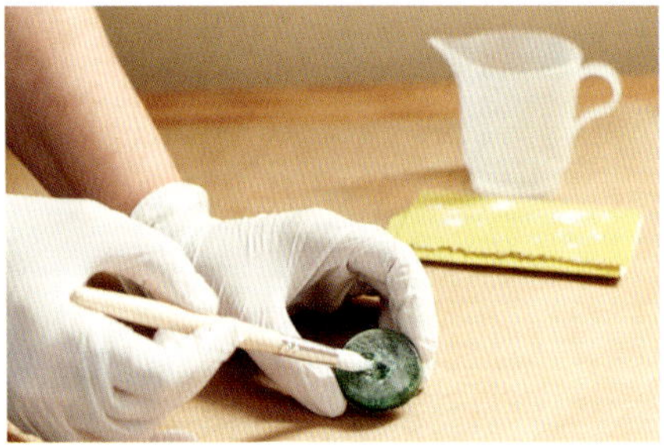

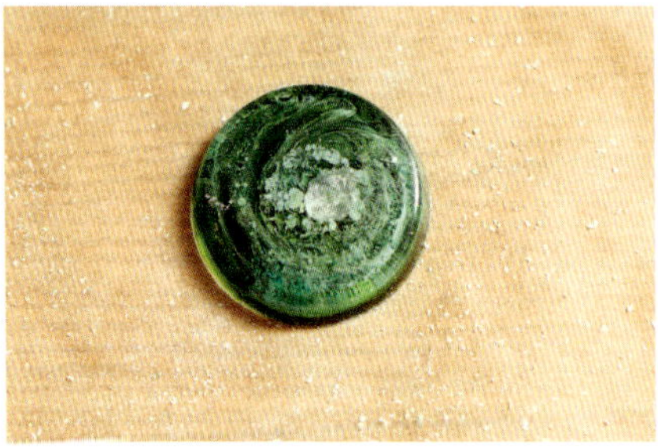

Tipp
Um Haare und Staub im Resin zu vermeiden, sollte der Arbeitsraum möglichst staubfrei gehalten werden (s. S. 20). Solche Schleifarbeiten sollten darum möglichst in einem anderen Raum durchgeführt werden.

Ungleichmäßiger Verlauf des Resin

Das passiert in der Regel dann, wenn das Werkstück nicht ganz waagerecht liegt. Daher ist es immens wichtig, vor dem Gießen mithilfe einer Wasserwaage zu überprüfen, ob das Objekt plan und horizontal liegt.
Einen ungleichmäßigen Verlauf kann man hinterher leider nicht mehr ausgleichen.

Ausgehärtetes Resin ist noch klebrig.

Damit das Resin vollständig aushärten kann, ist das Mischungsverhältnis unbedingt einzuhalten, ebenso die vorgegebene Dauer des Rührens, um die Komponenten vollständig zu vermischen.
Im Fall klebriger Stellen oder einer klebrigen Oberfläche insgesamt bleibt nur, die klebrigen Stelle bzw. Schichten mit Spachtel und ggf. Schleifpapier abzutragen und darüber eine weitere Schicht Resin aufzutragen.

Viele winzige Bläschen trüben das Resin.

Dieses Phänomen tritt auf, wenn das Resin vor dem Anmischen zu kalt war. Es ist darum wichtig, dass der Raum und damit auch das darin gelagerte Resin nicht zu kalt sind (s. S. 20), auch nicht während des Gießens selbst. Getrübtes Resin kann leider nicht nachträglich transparenter gemacht werden.

Das Resin wird heiß und hart.

Resin kann viel eigene Wärme erzeugen und im Becher heiß und hart werden. Das kommt nur sehr selten vor, hauptsächlich dann, wenn große Mengen in hohen Behältern angemischt werden. Dennoch ist stets Vorsicht geboten beim Arbeiten mit Resin. Kunstharz, das einmal heiß und hart geworden ist, kann nicht mehr verwendet werden; am besten gießt man es auf einer geeigneten Oberfläche aus und lässt es abkühlen.

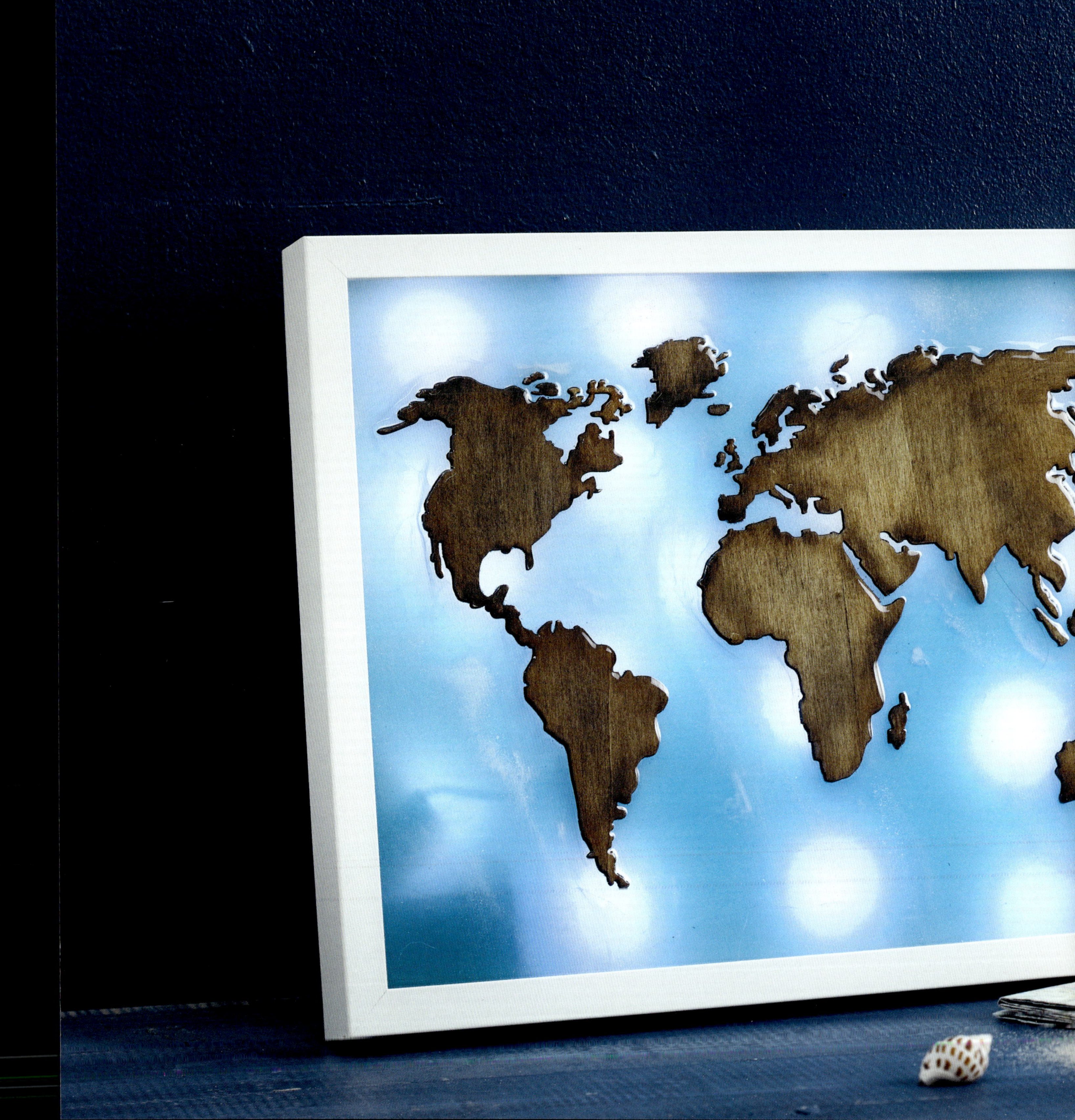

Die Projekte

Jetzt kann es losgehen: Mit dem vielseitigen Material Resin lässt sich einiges anstellen! Auf den folgenden Seiten sind zahlreiche Projektideen versammelt, die genau das zeigen – kleinere und größere Einrichtungsgegenstände, in Kombination mit Holz oder Metall, mit und ohne Glitzer, eingefärbt mit Pigmenten oder gar mit nachleuchtender Farbe… Entdecken Sie hier Ihr persönliches Lieblingsprojekt und gestalten Sie es ganz individuell!

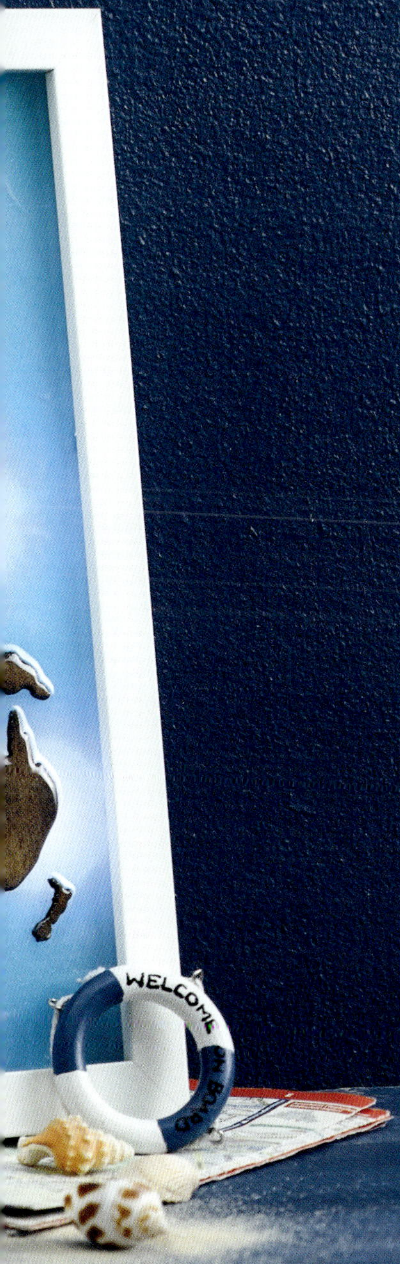

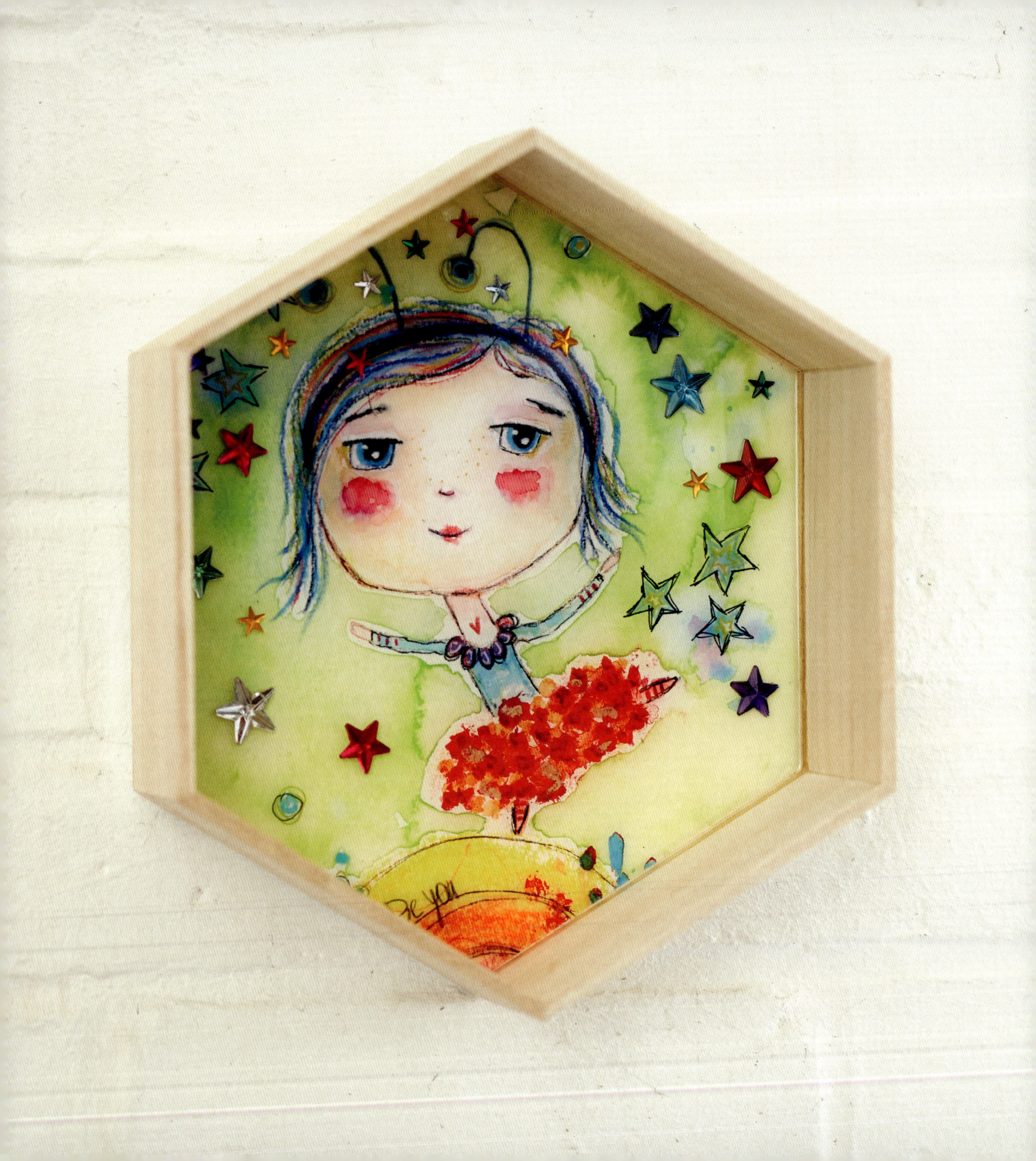

Wandbild „Rainbow Cutie"

Größe

28 cm x 24,2 cm x 8 cm

Material

- Holzrahmen in Hexagon-Form, 28 cm x 24,2 cm x 8 cm
- Blatt Papier, DIN A3
- Bleistift
- Cuttermesser oder Schere
- Lineal mit Schneidekante
- Schneideunterlage
- Kunstdruck, 23 cm x 27 cm
- Blatt Papier, 200g/m^2, 23 cm x 27 cm
- Bastelkleber
- Pinsel
- 85 ml Resin für dünne Schichten
- Schmucksteine „Sterne", versch. Farben und Größen
- Aufhänger

1 Den Holzrahmen auf das Papier in DIN A3 legen und den Umriss nachzeichnen, um eine Schablone für die Form zu erhalten. Dann messen Sie die Stärke des Holzes ab und zeichnen in diesem Abstand eine zweite Linie, nach innen versetzt, ein: Dies bildet die Innenform des Holzrahmens ab. Die Innenform mit Skalpell oder Schere vorsichtig ausschneiden.

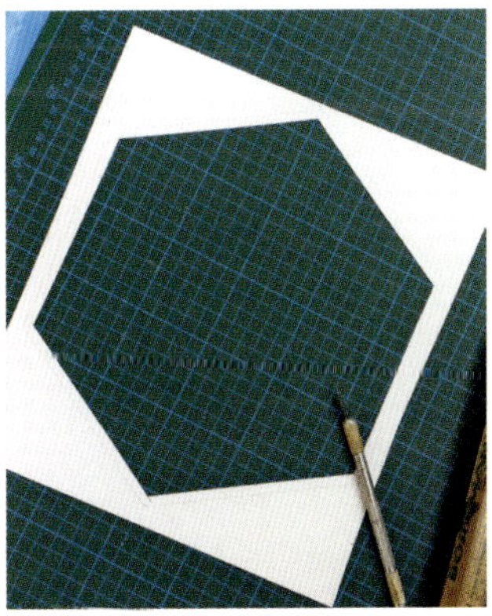

2 Die Schablone auf den Kunstdruck legen, den Bildausschnitt festlegen und mit Bleistift auf dem Kunstdruck nachzeichnen. Den Ausschnitt mit dem Skalpell sauber ausschneiden.

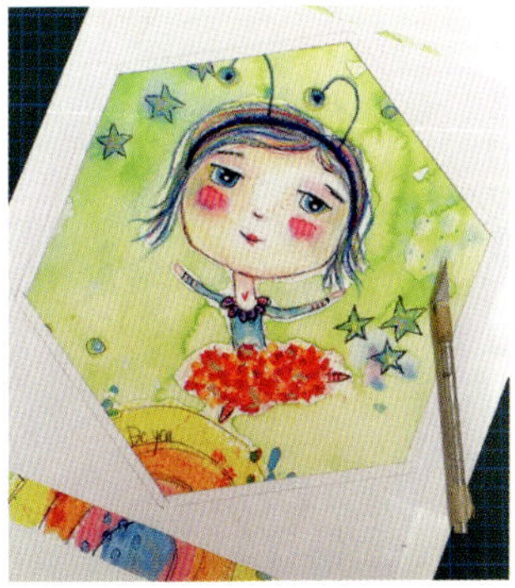

3 Für die Rückseite eine zweite Schablone aus dem 200g-Papier ausschneiden: den Holzrahmen auflegen, die Umrisse anzeichnen und ausschneiden.

4 Den Innenboden des Holzrahmens mit Bastelkleber einstreichen. Den Kunstdruck exakt darauf platzieren und glattstreichen, sodass keine Luftblasen unter dem Bild bleiben.

5 Die zweite Papierschablone mit Bastelkleber auf der Rückseite des Rahmens fixieren und alles gut durchtrocknen lassen.

6 Das Resin nach Herstellerangaben sorgfältig anmischen.

7 Das Resin mit einem Spatel auf dem Kunstdruck im Rahmen verteilen, dabei vorsichtig bis an den Rand und in die Ecken schieben.

8 Mit einem Gas-Brenner die Luftbläschen entfernen, dann das Werkstück abdecken und aushärten lassen.

9 Mit Bastelkleber die Schmucksteine auf der ausgehärteten Oberfläche vorsichtig aufkleben und gut trocknen lassen.

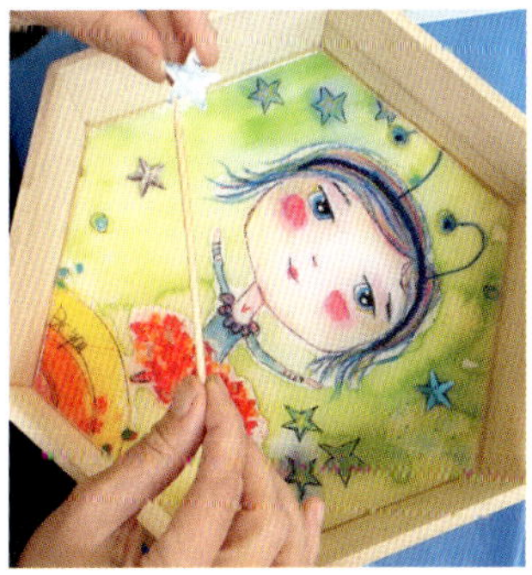

10 Den Aufhänger an der Rückwand des Rahmens befestigen.

Wandbild „Galaxie"

Größe

50 cm x 50 cm

Material

- Sperrholzplatte, 50 cm x 50 cm x 3 mm
- Poster „Milchstraße", 60 cm x 90 cm
- Blatt Papier, 200g/m², DIN A 1
- Bleistift
- Lineal mit Schneidekante
- Cuttermesser oder Schere
- Bastelkleber
- weiches Tuch
- 3-D-Bilderrahmen in Weiß für Bildgröße 50 cm x 50 cm
- Schneideunterlage
- Pinsel
- Silikon, transparent
- 400 ml Resin für dünne Schichten
- 1 TL Glitzerzusatz, holografisch
- Aufhänger

1 Die Sperrholzplatte auf das Poster und auf das Blatt Papier in DIN A 1 legen und jeweils die Umrisse darauf anzeichnen. Die Konturen mit dem Cuttermesser ausschneiden.

Hinweis

Wenn eine Sperrholzplatte vollflächig be--klebt werden soll, muss auf beiden Seiten möglichst gleich starkes Papier aufgebracht werden, damit sich das Holz nicht verzieht.

2 Die Rückseite der Platte vollflächig mit Bastelkleber einstreichen. Das unbedruckte Papier auflegen, dabei eine Kante genau an der Plattenkante ausrichten und das Papier langsam ablassen. Mit dem weichen Tuch Stück für Stück andrücken und so die Luft darunter ausstreichen.

3 Auf der Vorderseite der Platte auf gleiche Weise das Poster aufkleben. Gut trocknen lassen.

4 Das Glas des 3-D-Bilderrahmens abheben, die Abstandhalter dafür wieder einlegen. Mit Silikon auf der Rückseite des Glases einen Rahmen ziehen, in den das Poster eingelegt wird: Das Silikon soll den Zwischenraum zwischen Rahmen und Poster verschließen, damit kein Resin ausläuft.

Hinweis

Vorsichtig arbeiten und nicht zu viel Silikon verwenden, da dieses sonst beim Einlegen auf das Bild gelangt.

5 Das Poster vorsichtig mit der Vorderseite nach unten einlegen und alles gut trocknen lassen.

6 Das Resin nach Herstellerangaben sorgfältig anmischen, 1 TL Glitzer zugeben und alles erneut gut verrühren.

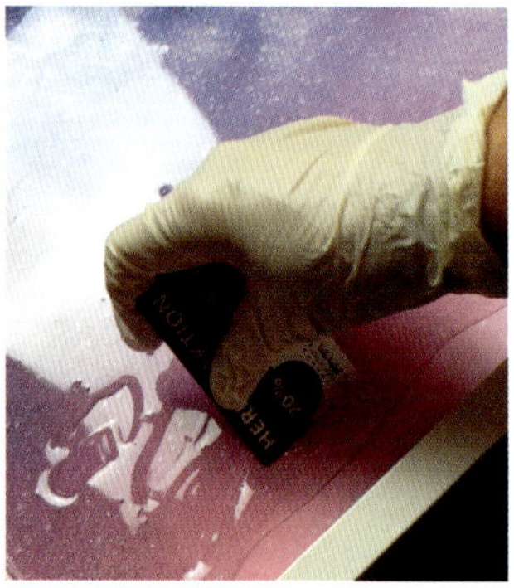

7 Das Resin mit einer Kundenkarte o.ä. auf dem Poster verteilen, dabei vorsichtig bis an den Rand und in die Ecken schieben.

8 Mit dem Gasbrenner die Luftbläschen entfernen, dann das Werkstück abdecken und aushärten lassen.

9 Den Aufhänger an der Rückwand des Rahmens befestigen.

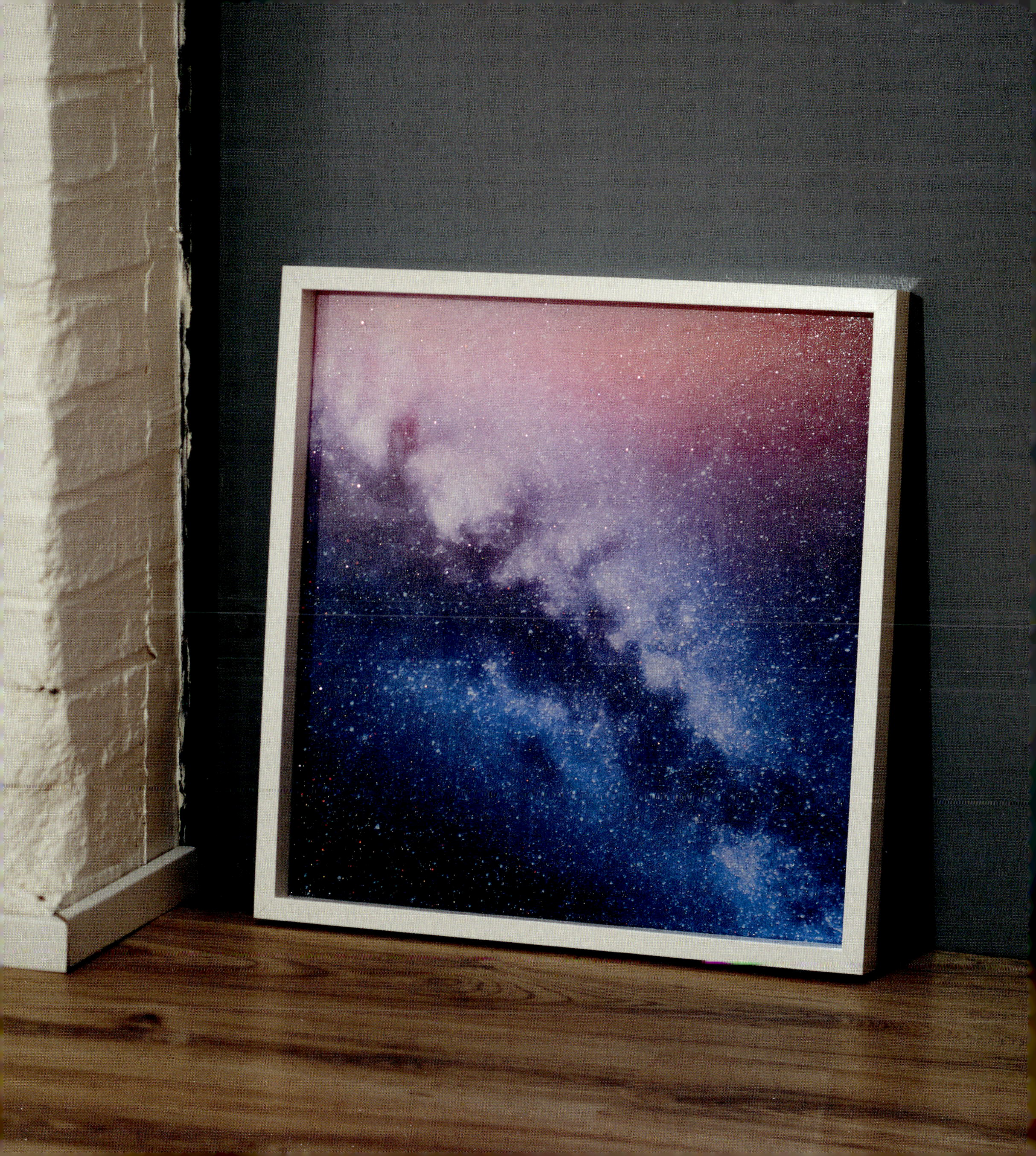

Buchstaben „Home"

Größe

ca. 11 cm x 46 cm

Material

- 4 MDF-Buchstaben „H", „O", „M", „E", in Weiß, 11 cm x 2 cm
- Cuttermesser oder scharfes Messer
- Abtropfgitter
- Becher
- 130 ml Resin für dünne Schichten
- Metallic-Pigment in 4 Rot- und Pink-Tönen, Roségold
- Holzstäbchen

1 Die Unterseite der Buchstaben mit Klebeband abkleben, den Überstand abschneiden.

2 Das Abtropfgitter auf vier Bechern platzieren und exakt waagerecht ausrichten.

3 Alle Buchstaben nebeneinander auf das Gitter legen und exakt waagerecht ausrichten.

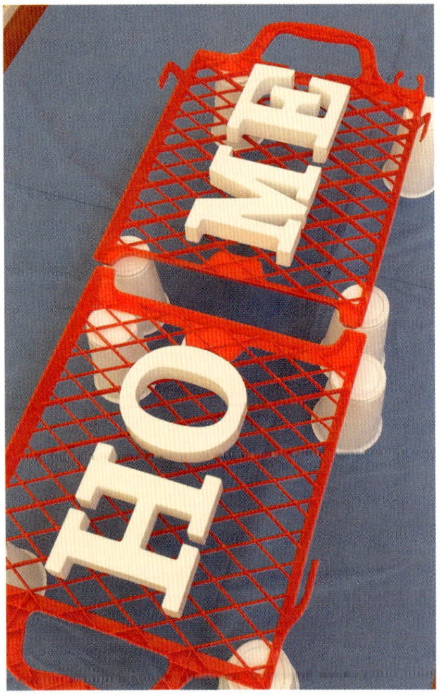

4 Das Resin nach Herstellerangaben anmischen und auf fünf Becher aufteilen: 1x 10 ml, 4x 30 ml.

5 In die 10 ml Roségold-Pigment einrühren, in die vier Portionen à 30 ml je einen anderen Rot- bzw. Pinkton.

6 Die Buchstaben jeweils mit einem anderen Rot- bzw. Pinkton begießen. Das Resin mit dem Spatel dabei vorsichtig bis an die Kanten hinausstreichen.

7 Mit dem Holzstäbchen und dem Resin in Roségold feine Linien über alle Buchstaben ziehen.

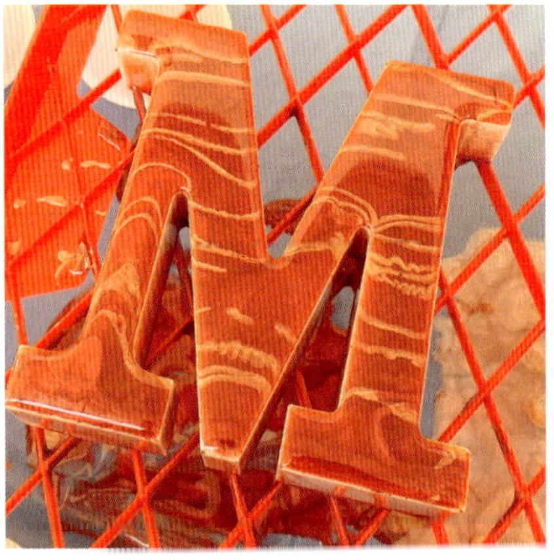

8 Mit dem Gasbrenner die Luftbläschen entfernen, die Buchstaben abdecken und aushärten lassen.

9 Nach ca. 20 Stunden Trocknungszeit das Klebeband entfernen.

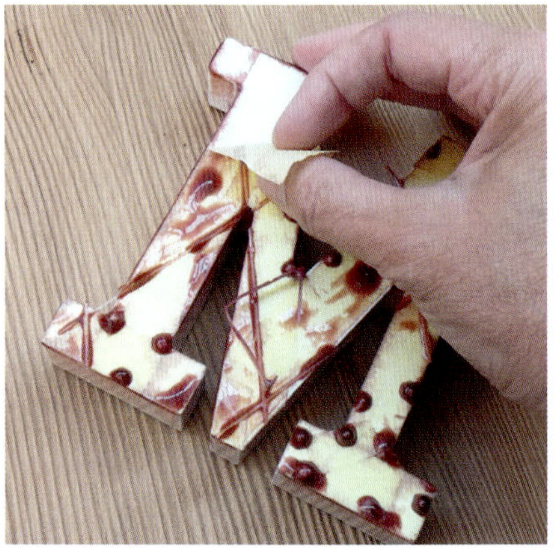

Tipp

Falls sich trotz des Klebebands an der Unterseite Tropfen oder Kanten gebildet haben, kann man diese in den ersten ein bis zwei Tagen nach dem Gießen mit dem Cuttermesser vorsichtig abschneiden. Später können sie abgeschliffen werden.

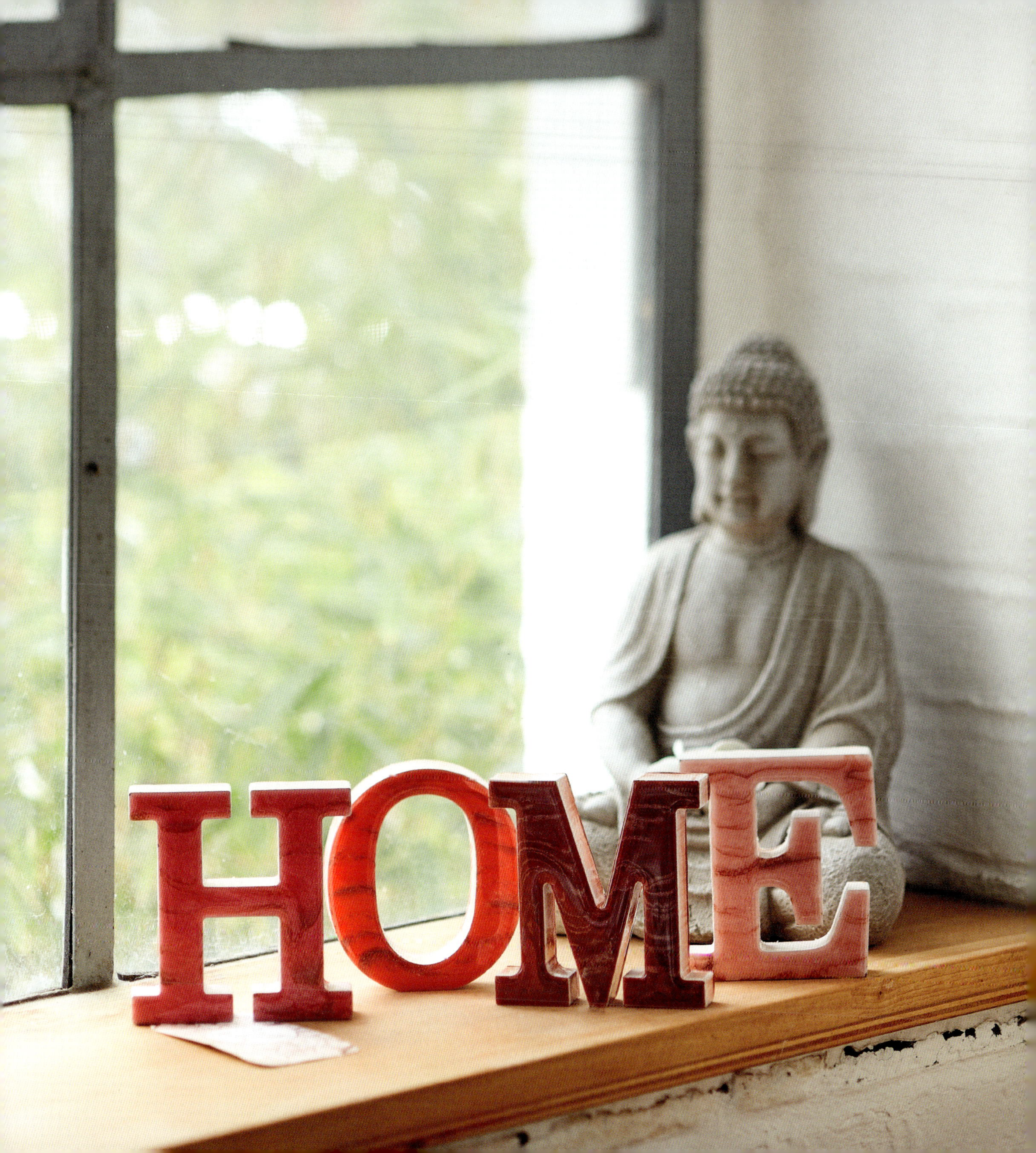
HOME

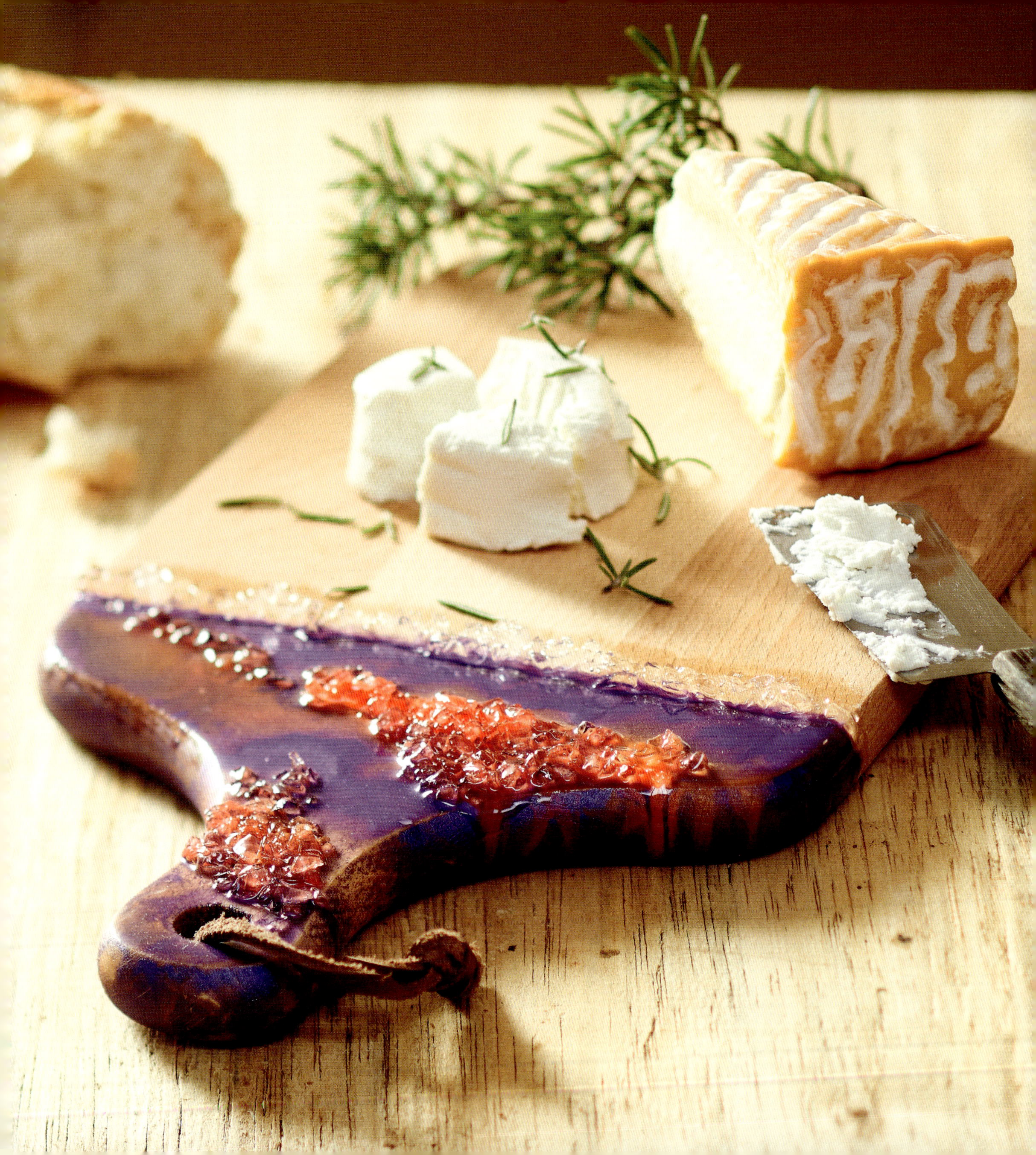

Servierbrett

Größe

38 cm x 18 cm

Material

- Servierbrett aus Holz, 38 cm x 18 cm
- Cuttermesser
- 45 ml Resin für dünne Schichten
- Metallic-Pigment in Lila, Orange, Rot
- Resi-Blast
- 3,5 TL Schmucksteine aus Glas

1 Auf der Seite des Griffes an der Oberseite des Brettes eine Kante mit dem Klebeband markieren. An der Unterseite sorgfältig einen breiten Rand mit Klebeband abkleben. Das Griffloch von unten ebenfalls abkleben. Alle Kanten gut andrücken und Überstände mit dem Cuttermesser abschneiden.

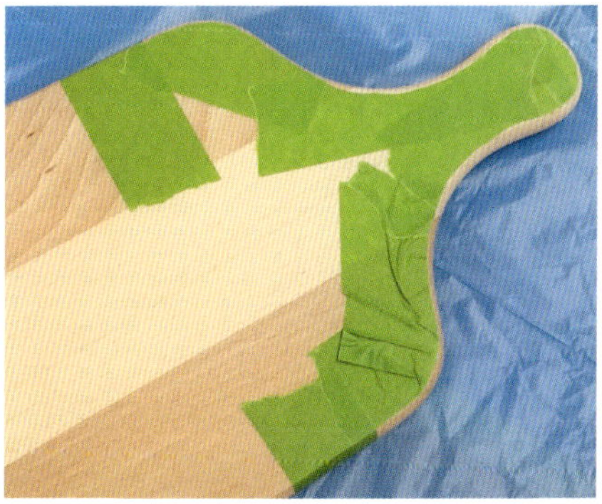

2 Das Servierbrett auf Becher platzieren und exakt waagerecht ausrichten.

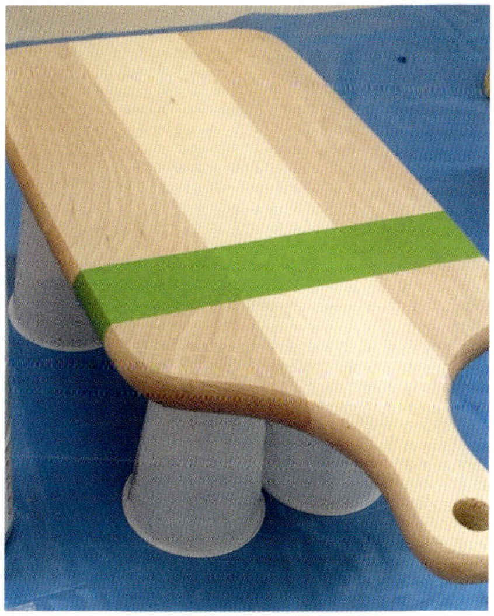

3 40 ml des Resin nach Herstellerangaben anmischen und auf drei Becher aufteilen: 1x 20 ml, 2x 10 ml.

4 In die 20 ml 1 Spatelspitze Lila-Pigment einrühren, in eine Portion à 10 ml 1 Spatelspitze Orange-Pigment + 1 Tropfen Resi-Blast, in die andere 1 Spatelspitze Rot-Pigment + 1,5 TL Steine.

5 Das verschieden gefärbte Resin in unregelmäßigen Streifen auf der Fläche vom Griff bis zur Klebebandmarkierung verteilen und über die Kanten hinaus verstreichen, sodass diese auch mit Resin bedeckt sind. Das Brett abdecken und aushärten lassen.

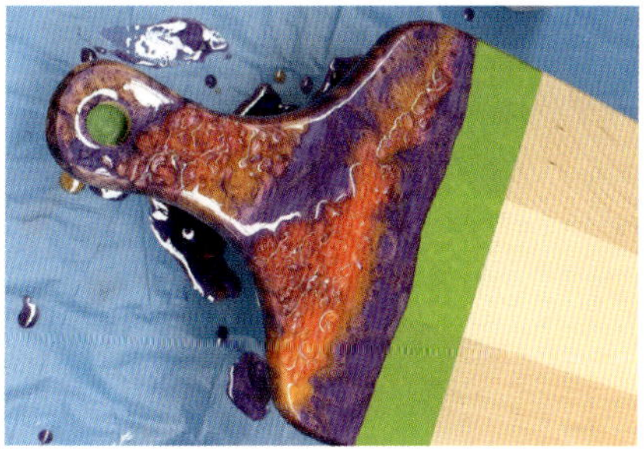

6 Nach 6 Stunden Trockungszeit das Klebeband entfernen.

7 5 ml Resin nach Herstellerangaben anmischen und 2 TL Steine dazugeben.

8 Das Resin an der Kante entlang verteilen, das Brett erneut abdecken und aushärten lassen.

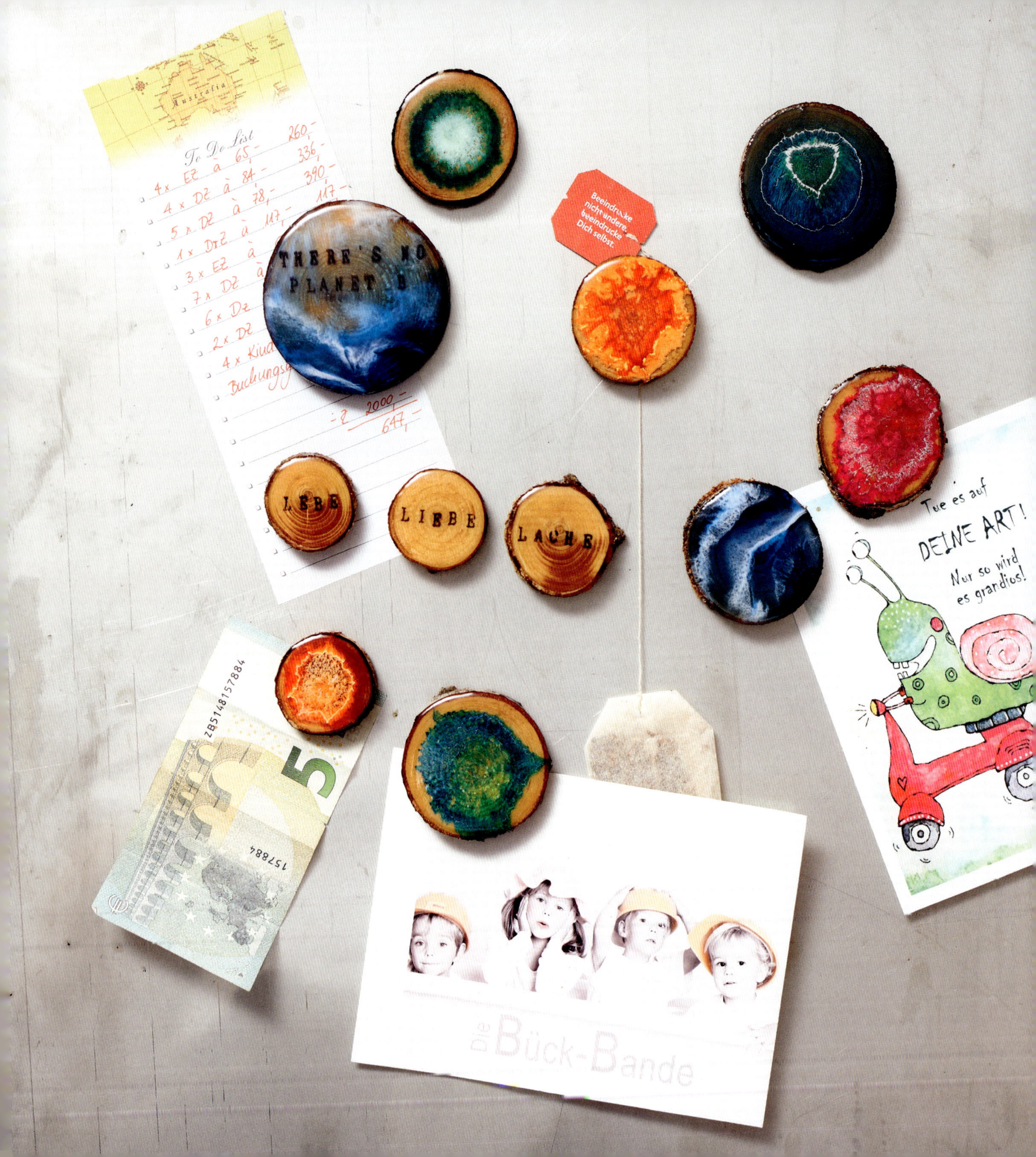
THERE'S NO PLANET B
LEBE
LIEBE
LACHE
Beeindrucke nicht andere. Beeindrucke Dich selbst.
Tue es auf DEINE ART! Nur so wird es grandios!
To Do List
Die Bück-Bande

Magnete

Größe

ca. 3 cm–5 cm

Material

- Abtropfgitter
- 12 Pinienscheiben rund, Ø 3 cm–5 cm
- Pinsel
- Schleifpapier, 120er-Körnung
- Magnetfolie, selbstklebend, DIN A4
- Schere

für Variante 1

- 10 ml Resin für dünne Schichten
- Tinte („alcohol ink") in Orange, Gelb, Weiß und anderen Farben nach Wahl

für Variante 2

- Wortbandstempel
- Stempelkissen mit wasserfester Tinte in Schwarz
- 10 ml Resin für dünne Schichten

für Variante 3

- 20 ml Resin für dünne Schichten
- Tinte („alcohol ink") in Weiß
- Tinte („acrylic ink") in Blau
- Holzstäbchen
- Schleifpapier, 120er--Körnung
- Wortbandstempel
- Stempelkissen mit wasserfester Tinte in Schwarz

> **Tipp**
>
> Dieses kleine Projekt ist perfekt, um kleinere Resin-Reste zu verwerten. Ich bereite immer gleich mehrere Pinienscheiben vor, wie in Schritt 2 und 3 beschrieben: So habe ich auch spontan die Möglichkeit, kleine Mengen Resin zu verarbeiten. Außerdem eignen sich die Magnete super, um mit neuen Farben und Ideen zu experimentieren.

Für alle Varianten:

1 Das Abtropfgitter auf Becher stellen und mit der Wasserwaage exakt waagerecht ausrichten.

2 Die Holzscheiben mit Schleifpapier glätten.

3 Eine kleine Menge Resin nach Herstellerangaben sorgfältig anmischen und mit einem Pinsel jeweils auf eine Seite der Holzscheiben dünn auftragen. 24 Stunden trocknen lassen, anschleifen.

4 Nach dem Aushärten: Auf die Rückseite der fertigen Holzscheiben selbstklebende Magnetfolie aufbringen, dazu mit der Schere ein jeweils passendes Quadrat zuschneiden, die Folie abziehen und aufkleben.

Für Variante 1:

4 Das Resin nach Herstellerangaben sorgfältig anmischen und mit einem Spatel auf einer Holzscheibe verteilen.

5 Mit dem Gasbrenner die Luftbläschen entfernen.

6 1 Tropfen Tinte in Orange in die Mitte der Scheibe tropfen. In die Mitte dieses Tropfens etwas Tinte in Gelb tropfen, dann etwas Tinte in Weiß. Zuletzt wieder etwas Tinte in Orange in die Mitte tropfen.

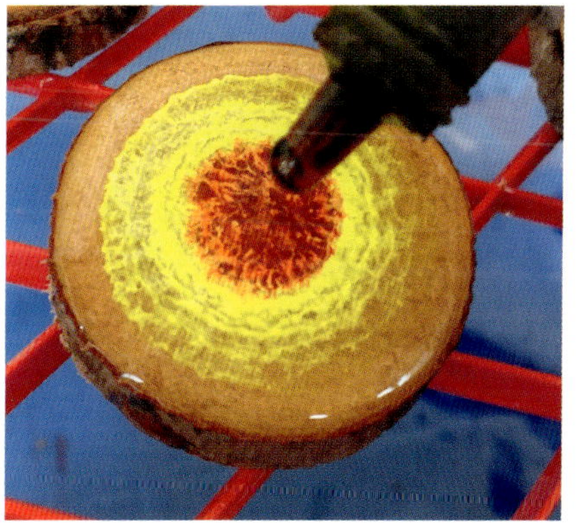

7 Die anderen Holzscheiben nach dem gleichen Prinzip, aber mit anderen Farben gestalten, z.B. mit Silber statt Weiß.

8 Scheiben auf dem Abtropfgitter abdecken und 24 Stunden aushärten lassen.

Weiter auf Seite 46.

Für Variante 2:

9 Mit dem Wortbandstempel kurze Worte auf die angeschliffenen Holzscheiben stempeln und trocknen lassen.

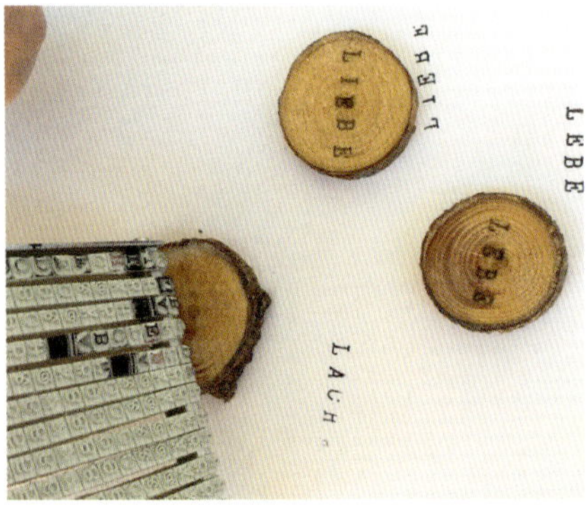

10 Das Resin nach Herstellerangaben anmischen und mit einem Spatel auf den Scheiben verteilen.

11 Mit dem Gasbrenner die Luftbläschen entfernen, die Scheiben auf das Abtropfgitter setzen, abdecken und 24 Stunden aushärten lassen.

Für Variante 3:

12 10 ml Resin nach Herstellerangaben anmischen und auf drei Becher verteilen: 2x 4 ml, 1x 2 ml.

13 Die 2 ml mit 2 Tropfen Tinte in Weiß einfärben. Eine Portion à 4 ml mit 2 Tropfen Tinte in Blau einfärben. Die andere bleibt klar.

14 Klares und blaues Resin nebeneinander auf die angeschliffenen Pinienscheiben gießen. Mit dem Spatel etwas vermischen.

15 Mit dem weißen Resin und einem Holzstäbchen Linien in das blaue Resin ziehen und diese mit dem Heißluftföhn weiter strukturieren.

16 Die Scheiben auf dem Abtropfgitter abdecken und 24 Stunden aushärten lassen.

17 Anschließend mit Schleifpapier anschleifen.

18 Nach Belieben mit dem Wortbandstempel einen kurzen Spruch aufbringen, vorzugsweise in die hellen Bereiche der ersten Resin-Schicht.

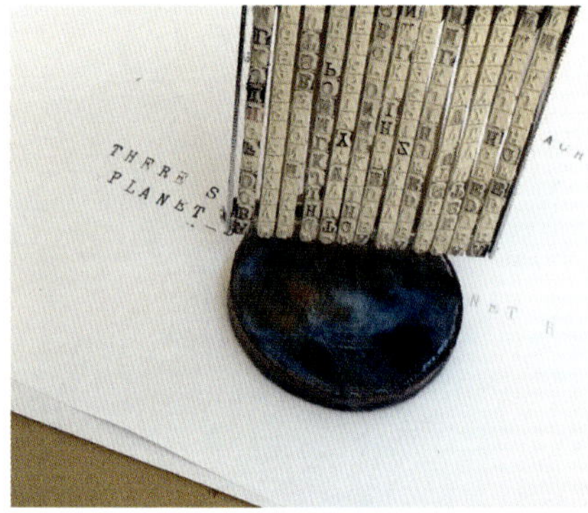

19 Erneut 10 ml Resin nach Herstellerangaben anmischen und auf drei Becher verteilen: 1x 6 ml, 1x 3 ml, 1x 1 ml.

20 In die 3 ml 2 Tropfen Tinte in Blau eintropfen, in den 1 ml 2 Tropfen Tinte in Weiß. Die 6 ml bleiben klar.

21 Erneut das Resin auf die Holzscheiben aufbringen (im Bereich der Schrift nur mit klarem Resin arbeiten) und mit dem Heißluftföhn weiter strukturieren.

22 Auf dem Abtropfgitter abdecken und 24 Stunden aushärten lassen.

Mobile „Lichtspiel"

Größe

ca. 97 cm x 60 cm

Material

- Silikonform glänzend, für 24 Mini-Muffins
- 120 ml Resin für dünne Schichten
- Tinte („alcohol ink") in Weiß und verschiedenen Farben nach Wahl
- Cuttermesser
- Schleifpapier, 120er-Körnung
- Holzbohrer, Ø 1,5 mm
- Nylonschnur in Gelb, 0,25 mm
- Schere
- Ast, ca. 50 cm lang

1 Die Silikonform auf eine stabile, exakt waagerechte Unterlage legen.

2 Das Resin nach Herstellerangaben anmischen, in jede Vertiefung der Form 5 ml einfüllen.

3 Mit dem Gasbrenner vorsichtig die Luftbläschen entfernen – mit der Hitze nicht zu nah an die Form kommen!

4 Je 1 Tropfen Tinte z.B. in Gelb, Rot, Blau, Hellgrün, Orange und Pink mittig in jeweils vier Vertiefungen setzen.

5 In die Mitte jedes Farbtropfen 1 Tropfen Tinte in Weiß geben: Diese hat eine andere Dichte und sinkt ab, dabei nimmt sie die farbige Tinte mit und erzeugt so spannende Muster.

6 Je 1 Tropfen Tinte z.B. der gleichen Farbe in einem dunkleren Ton mittig in die jeweiligen vier Vertiefungen setzen.

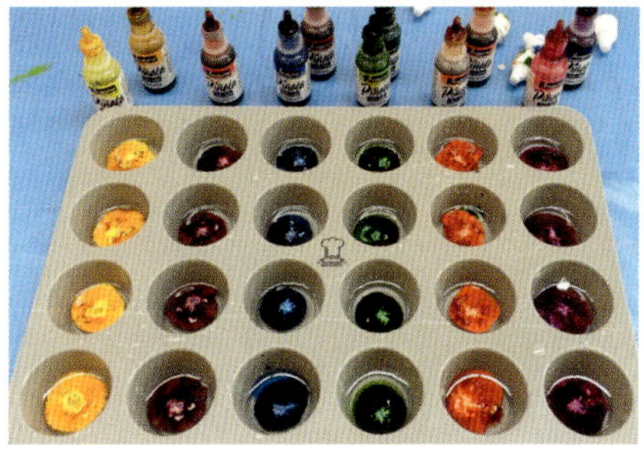

7 Die Form abdecken und 24 Stunden aushärten lassen.

8 Die Scheiben aus der Form drücken und die Kanten mit einem scharfen Cuttermesser begradigen oder sanft abschleifen.

Weiter auf Seite 48.

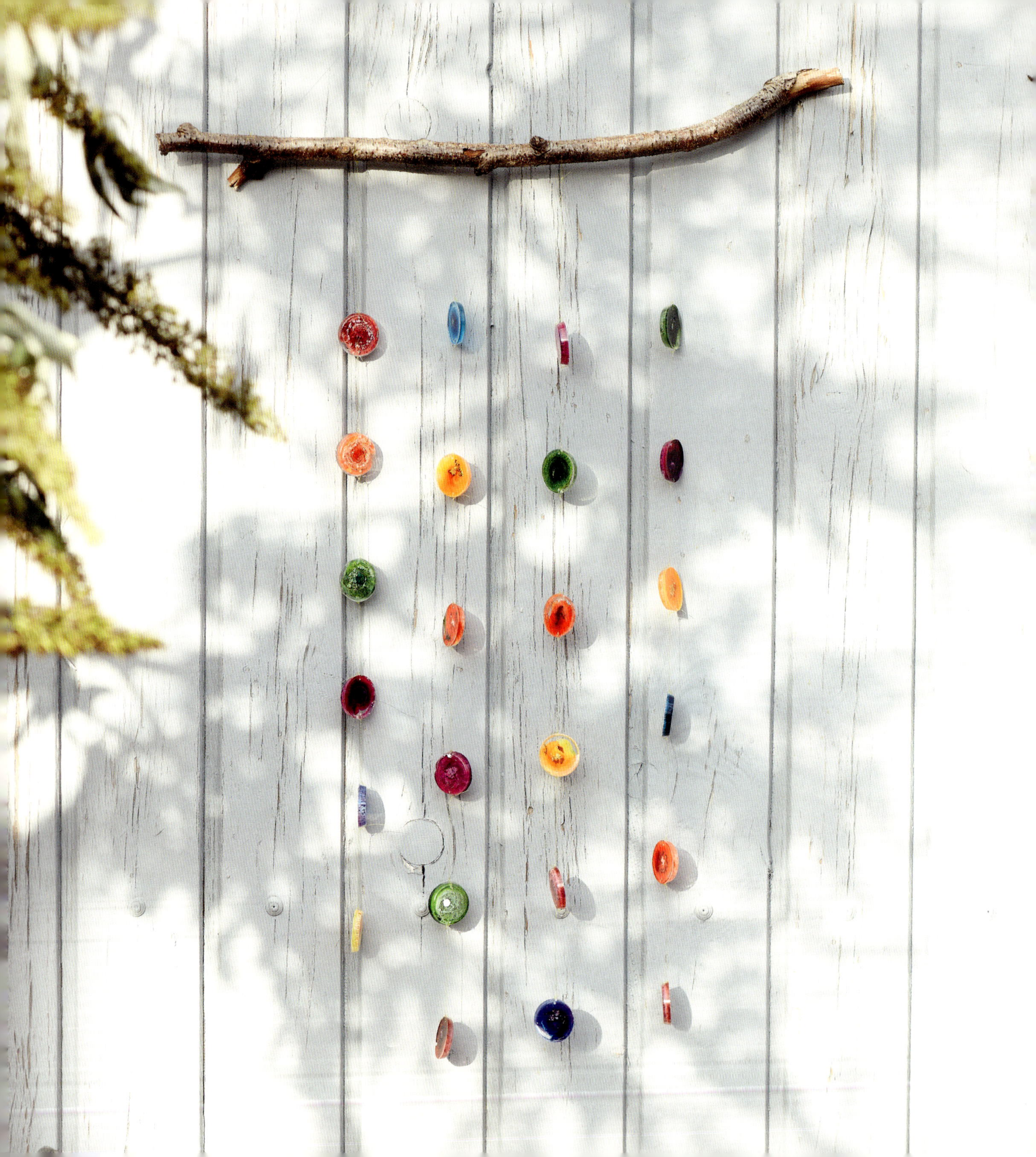

9 Die Reihenfolge der Scheiben für die vier Schnüre des Mobile festlegen. Mit dem Holzbohrer in die jeweils unterste Scheibe ein Loch an einem Rand bohren, in alle anderen Scheiben je 2 einander gegenüberliegende Löcher.

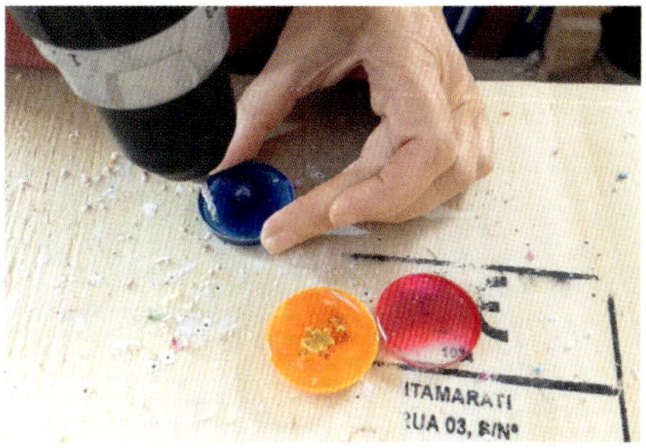

10 Von der Nylonschnur 1 Stück à 1 m, 4 Stücke à 30 cm und 4 Stücke à 12 cm abschneiden. Auf die 12 cm langen Schnüre jeweils 6 verschiedenfarbige Scheiben auffädeln, immer ober- und unterhalb einer Scheibe einen Knoten machen. Die Scheiben so miteinander verbinden.

11 An der obersten Scheibe jeweils ein 30 cm langes Stück Schnur befestigen und die Ketten damit am Ast befestigen. Die 1 m lange Schnur rechts und links an den Ast knoten.

Tipp

Auch dieses Projekt ist eine gute Verwendung für Resin-Reste. Die Muffinform ist bei mir immer griffbereit, um kleine Mengen, auch gefärbte, direkt einfüllen zu können. So entstehen immer wieder neue bunte Scheiben für mein Lichtspiel.

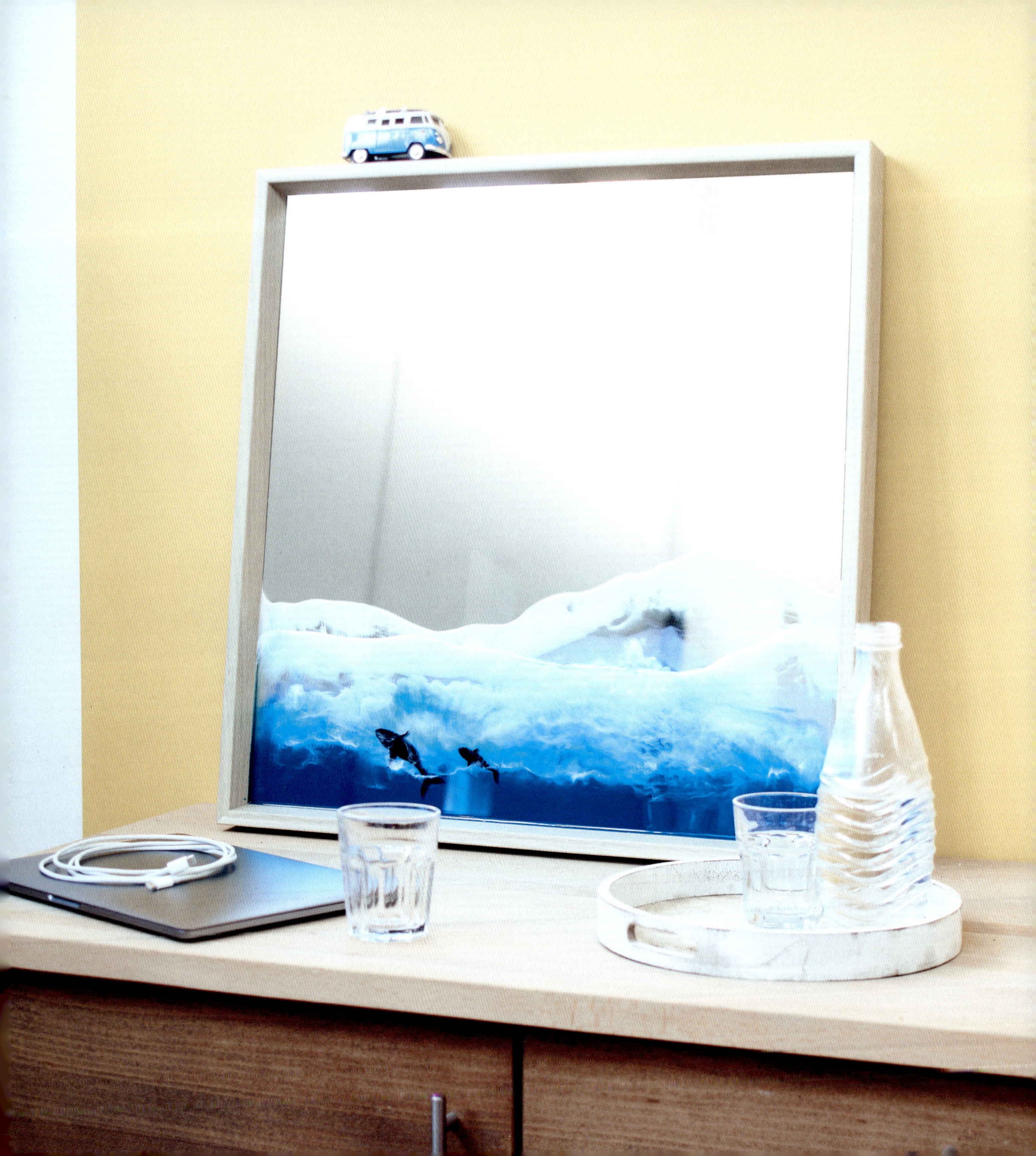

Spiegel „Whales"

Größe

65 cm x 65 cm

Vorlage

Seite 108

Material

- Spiegel mit Holzrahmen in Weiß, 65 cm x 65 cm
- Silikon
- 420 ml Resin für dünne Schichten
- Tinte („acrylic ink") in Blau, Türkis, Weiß
- Holzstäbchen
- Schleifpapier, 120er-Körnung
- Tinte („acrylic ink"), wasserfest, in Schwarz
- Pinsel, Gr. 2

1 Die Zwischenräume zwischen Spiegel und Rahmen auf der Rückseite mit Silikon abdichten und aushärten lassen.

2 Den Spiegel auf der Unterlage exakt waagerecht ausrichten.

3 250 ml Resin nach Herstellerangaben anmischen und auf vier Becher verteilen: 1x 10 ml, 3x 80 ml.

4 Die 10 ml mit 10 Tropfen Tinte in Weiß mischen; eine der übrigen drei Portionen à 80 ml mit 10 Tropfen Tinte in Türkis mischen, eine mit 5 Tropfen Tinte in Türkis sowie 5 Tropfen Tinte in Dunkelblau. Die letzte Portion bleibt klar.

5 Auf das untere Drittel des Spiegels in wellenförmigen Streifen von unten nach oben dunkelblaues, türkisfarbenens und klares Resin gießen. Das Resin gleichmäßig verteilen.

6 Mit dem Gasbrenner die Luftbläschen entfernen.

7 An den Übergängen zwischen den Farben mit einem Holzstäbchen und weißem Resin feine Linien aufbringen, diese mit dem Heißluftföhn weiter strukturieren.

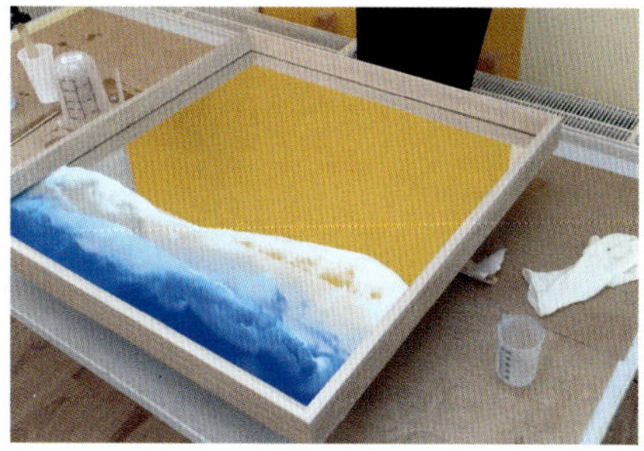

8 Den Spiegel abdecken und 24 Stunden aushärten lassen.

9 Die untere Hälfte der Resin-Fläche anschleifen, die obere Kante dabei mit einem wellenförmigen Abschluss gestalten.

> **Hinweis**
>
> Vorsicht: Den oberen Teil des Resin dabei nicht beschädigen!

Weiter auf Seite 52.

10 Nun die Wale (s. Vorlage) auf das angeschliffene Resin aufmalen: Dafür die Vorlage auf der Rückseite mit einem Bleistift schraffieren; die schraffierte Seite nach unten auf das Resin legen und mit einem harten Bleistift die Konturen auf der Vorderseite nachfahren: Der Druck des harten Bleistifts überträgt die Konturen auf den Untergrund. Mit der schwarzen Tinte und einem Pinsel die Konturen nachmalen und ausfüllen. Eventuell sind mehrere Schichten notwendig, damit das Schwarz richtig deckt. Vollständig trocknen lassen.

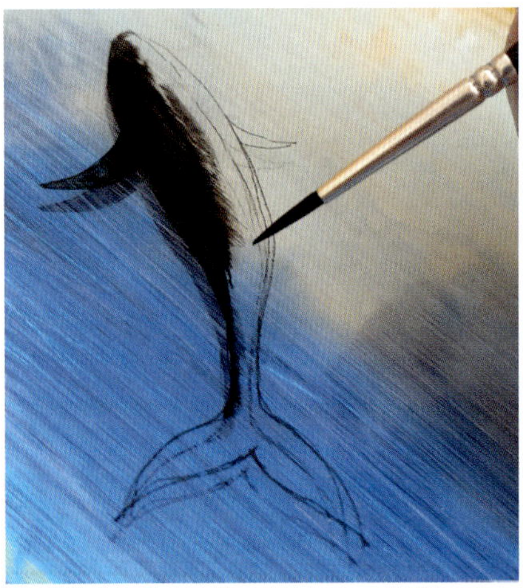

11 Für die zweite Schicht 170 ml Resin nach Herstellerangaben anmischen und auf drei Becher verteilen: 1x 10 ml, 2x 80 ml.

12 Die 10 ml mit 10 Tropfen Tinte in Weiß mischen; eine Portion à 80 ml mit 5 Tropfen Tinte in Türkis mischen, die andere mit 2 Tropfen Tinte in Türkis + 4 Tropfen Tinte in Dunkelblau.

13 Auf der angeschliffenen Fläche in Wellenform zunächst das dunkelblaue Resin verteilen, dann das türkisfarbene, und gleichmäßig verteilen.

14 Mit dem Gasbrenner die Luftbläschen entfernen.

15 An den Übergängen zwischen den Farben mit einem Holzstäbchen und weißem Resin feine Linien aufbringen, diese mit dem Heißluftföhn weiter strukturieren.

16 Den Spiegel abdecken und 24 Stunden aushärten lassen.

Tablett „Ocean"

Größe

20 cm x 30 cm

Material

- Holztablett, 20 cm x 30 cm
- Silikon
- 250 ml Resin für dünne Schichten
- 4–6 TL Sand in Schwarz
- 2 Streuteile „Seestern", 2,4 cm
- Schleifpapier, 120er-Körnung
- Tuch
- Tinte („acrylic ink") in Blau, Türkis, Schwarz
- Tinte („alcohol ink") in Weiß

1 Die Kanten an der Unterseite des Tabletts mit Silikon abdichten und trocknen lassen.

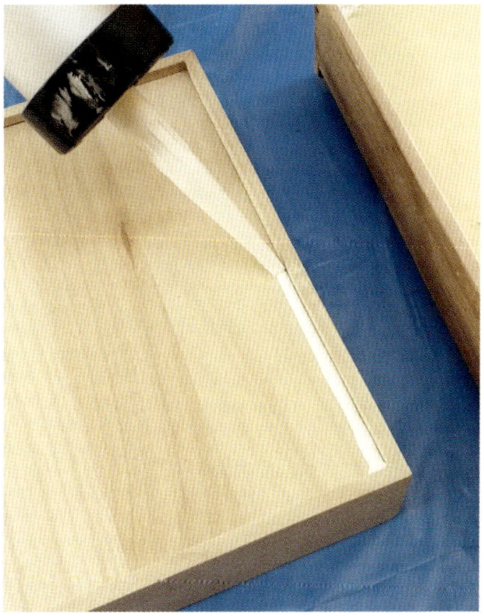

2 Das Tablett exakt waagerecht auf der Unterlage ausrichten.

3 80 ml Resin nach Herstellerangaben anmischen und gleichmäßig auf dem Tablett verteilen.

4 Mit dem Gasbrenner die Luftbläschen entfernen.

5 An einer kurzen Seite des Tabletts den schwarzen Sand einstreuen. Nach Belieben die Seesterne platzieren und leicht andrücken.

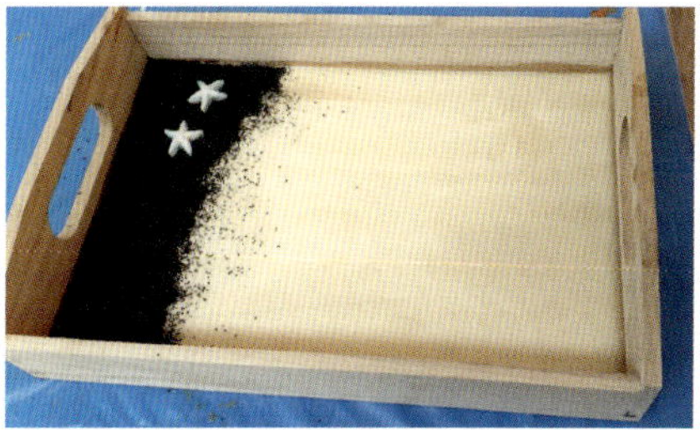

6 Das Tablett abdecken und 24 Stunden aushärten lassen.

7 Die Resin-Fläche anschleifen, den Staub mit einem feuchten Tuch gründlich entfernen und trocknen lassen.

8 Für die zweite Resin-Schicht 85 ml Resin nach Herstellerangaben anmischen und auf fünf Becher aufteilen: 4x 20 ml, 1x 5 ml.

9 Eine Portion à 20 ml mit 5 Tropfen Tinte in Türkis mischen, eine mit 5 Tropfen Tinte in Blau, eine mit 5 Tropfen Tinte in Blau + 1 Tropfen Tinte in Schwarz; eine Portion à 20 ml bleibt klar. Die 5 ml mit 5 Tropfen Tinte in Weiß mischen.

Weiter auf Seite 54.

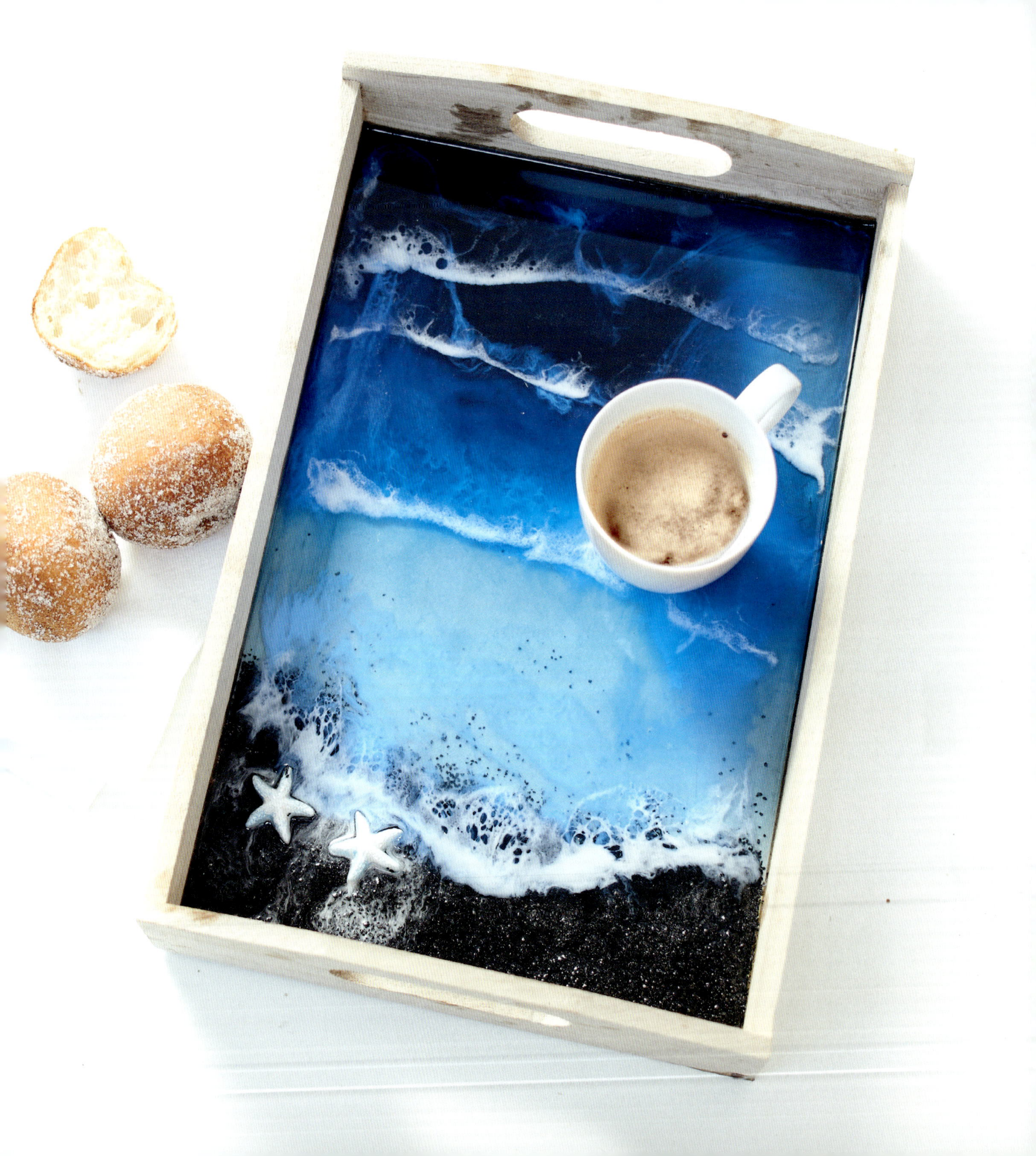

10 Auf der gegenüberliegenden Seite des Tabletts beginnen und je einen Streifen der verschiedenen Farben auf das Tablett gießen, zum Sand hin heller werdend, bis etwa ein Viertel des Tabletts bedeckt ist.

11 Mit dem Gasbrenner die Luftbläschen entfernen.

12 Mit dem Holzstäbchen und weißem Resin am Rand des Sandes sowie um die Seesterne herum Linien ziehen und diese mit dem Heißluftföhn weiter strukturieren. Auf die „Wasserfläche" zwei weiße Linien aufbringen.

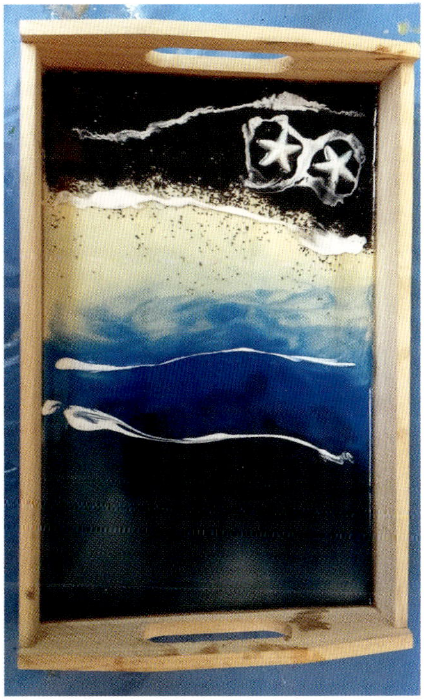

13 Das Tablett abdecken und 4–5 Stunden aushärten lassen.

> Hinweis
>
> Man kann das Tablett nach der ersten Schicht auch 24 Stunden aushärten lassen, dann muss man das Resin vor den nächsten Schritten allerdings anschleifen.

14 Für die dritte Resin-Schicht 85 ml Resin nach Herstellerangaben anmischen und auf drei Becher verteilen: 2x 40 ml, 1x 5 ml.

15 Eine Portion à 40 ml mit 4 Tropfen Tinte in Türkis + 2 Tropfen Tinte in Blau mischen, die zweite mit 2 Tropfen Tinte in Blau. Die 5 ml mit 5 Tropfen Tinte in Weiß mischen.

16 Jeweils einen Streifen des türkisfarbenen und des hellblauen Harzes über je die Hälfte des Tabletts gießen.

17 Mit dem Gasbrenner die Luftbläschen entfernen.

18 Mit dem Holzstäbchen und weißem Resin weitere feine Linien ziehen und diese mit dem Föhn weiter strukturieren.

19 Das Tablett abdecken und 24 Stunden aushärten lassen.

Tablett „Rochen"

Größe

43 cm x 32 cm

Vorlage

Seite 109

Material

- Holztablett, 43 cm x 32 cm
- Silikon
- 500 ml Resin für dünne Schichten
- Acrylmarker in Schwarz, 0,7 mm
- Schleifpapier, 120er-Körnung
- Tuch
- Tinte („acrylic ink") in Blau, Türkis, Schwarz
- Tinte („alcohol ink") in Weiß

1 Die Kanten an der Unterseite des Tabletts mit Silikon abdichten und trocknen lassen.

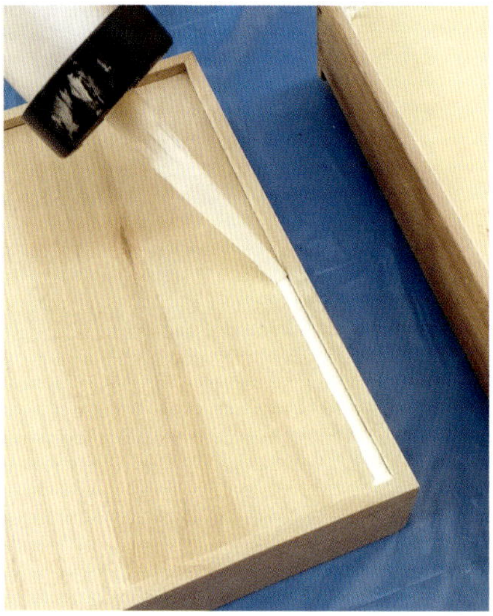

2 Das Tablett exakt waagerecht auf der Unterlage ausrichten.

3 250 ml Resin nach Herstellerangaben anmischen und auf drei Becher aufteilen: 2x 120 ml, 1x 10 ml.

4 Eine Portion à 120 ml mit 10 Tropfen Tinte in Türkis mischen, die zweite bleibt klar. Die 10 ml mit 5 Tropfen Tinte in Weiß mischen.

5 Übergießen Sie die eine Tablletthälfte mit dem klaren Resin, die andere mit dem türkisfarbenen. Mit dem Gasbrenner die Luftbläschen entfernen.

6 Mit dem Holzstäbchen und weißem Resin mehrere feine Linien ziehen und diese mit dem Heißluftföhn weiter strukturieren.

7 Das Tablett abdecken und 24 Stunden aushärten lassen, dann anschleifen.

Weiter auf Seite 58.

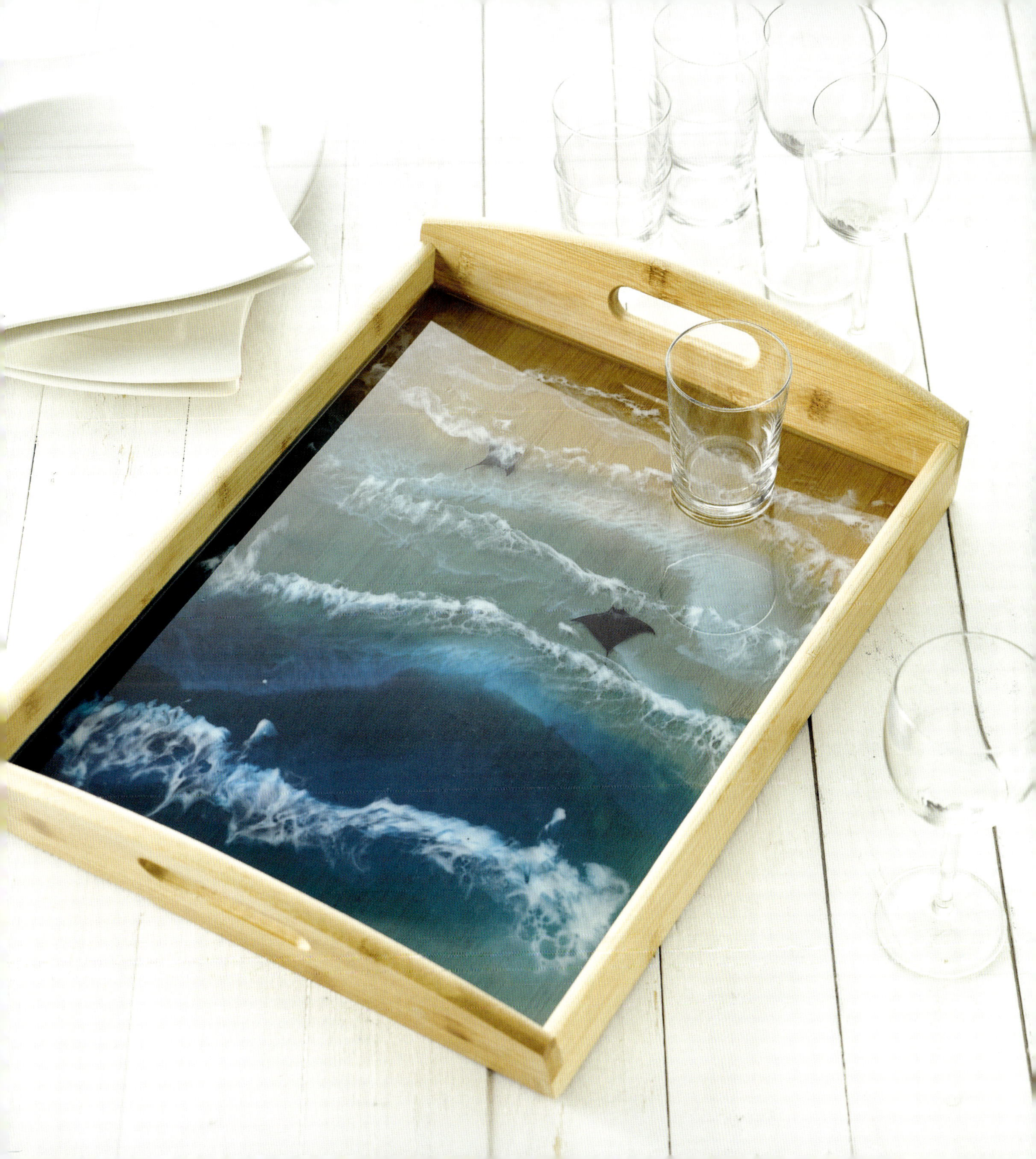

8 Nun die Rochen (s. Vorlage) auf das angeschliffene Resin aufmalen: Dafür die Vorlage auf der Rückseite mit einem Bleistift schraffieren; die schraffierte Seite nach unten auf das Resin legen und mit einem harten Bleistift die Konturen auf der Vorderseite nachfahren: Der Druck des harten Bleistifts überträgt die Konturen auf den Untergrund. Mit dem Acrylmarker die Konturen nachmalen und ausfüllen. Vollständig trocknen lassen.

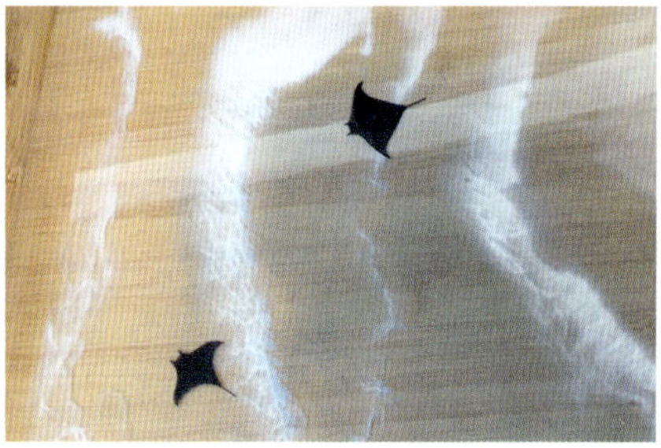

9 Für die zweite Schicht 250 ml Resin nach Herstellerangaben anmischen und auf vier Becher verteilen: 3x 80 ml, 1x 10 ml.

10 Die 10 ml mit 5 Tropfen Tinte in Weiß mischen; eine Portion à 80 ml mit 4 Tropfen Tinte in Türkis + 2 Tropfen Tinte in Blau mischen, die zweite mit 4 Tropfen Tinte in Blau. Die letzten 80 ml bleiben klar.

11 Übergießen Sie ein Drittel des Tabletts mit dem klaren Resin, ein anderes mit dem türkisfarbenen, das dritte mit dem blauen.

12 Mit dem Gasbrenner die Luftbläschen entfernen.

13 Mit dem Holzstäbchen und weißem Resin mehrere feine Linien ziehen und diese mit dem Heißluftföhn weiter strukturieren.

14 Das Tablett abdecken und 24 Stunden aushärten lassen.

Untersetzer „Fernweh"

Größe

10 cm x 10 cm

Material

- 4 Fliesen in Weiß, 10 cm x 10 cm
- Acrylfarbe mit Sandstruktur in Weiß, Ocker
- Pinsel
- Dekosand in Weiß
- 140 ml Resin für dünne Schichten
- Tinte („acrylic ink") in Türkis, Dunkelblau
- Tinte („alcohol ink") in Weiß
- Schleifpapier, 120er-Körnung
- Wortbandstempel
- Stempelkissen mit wasserfester Tinte in Schwarz
- Filz, selbstklebend, in Weiß, 20 cm x 20 cm

1 Die Fliesen auf der Unterseite an den Rändern mit Klebeband sorgfältig abkleben.

2 Jede Fliese auf einen Becher legen und exakt waagerecht ausrichten.

3 Weiße Acrylfarbe mit etwas Ocker vermischen und die Oberflächen und Kanten der Fliesen bemalen. In einer Hälfte in die noch feuchte Farbe etwas Dekosand einstreuen.

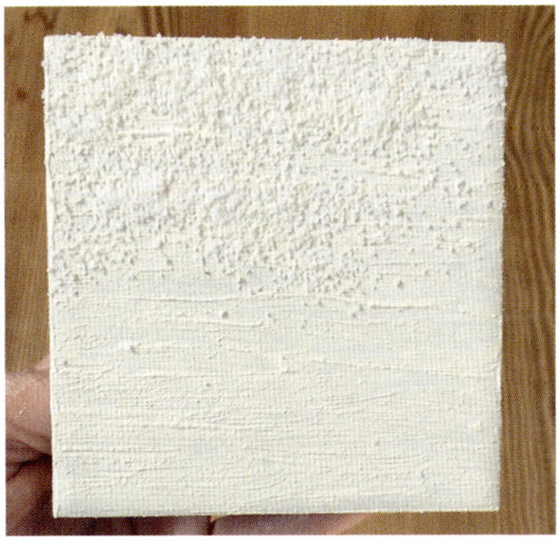

4 Die Farbe gut trocknen lassen, dann losen Sand abschütteln.

5 70 ml Resin nach Herstellerangaben anmischen und auf vier Becher verteilen: 1x 5 ml, 2x 20 ml, 1x 25 ml.

6 Die 5 ml mit 5 Tropfen Tinte in Weiß mischen, eine Portion à 20 ml mit 5 Tropfen Tinte in Türkis, die zweite mit 5 Tropfen Tinte in Dunkelblau. Die 25 ml bleiben klar.

7 Auf jede Fliese mit Dunkelblau, Türkis und Transparent je einen Streifen gießen – beginnend mit dunkel, zum eingestreuten Sand hin heller werdend; das klare Resin über den Sand geben.

8 Das Resin gleichmäßig verteilen und dünn bis über die Kanten streichen.

9 Mit dem Heißluftföhn die Luftbläschen entfernen.

10 An den Übergängen zwischen den Farben mit einem Holzstäbchen und dem weißen Resin feine Linien aufbringen. Mit dem Heißluftföhn können Sie diese wellenförmig strukturieren.

11 Die Fliesen abdecken und 24 Stunden aushärten lassen.

12 Die Resin-Oberflächen anschleifen, den dabei entstehenden Staub mit einem feuchten Tuch gründlich entfernen.

Weiter auf Seite 60.

13 Im hellen Bereich der Fliesen mit dem Wortbandstempel nach Belieben kurze Sprüche aufbringen und trocknen lassen.

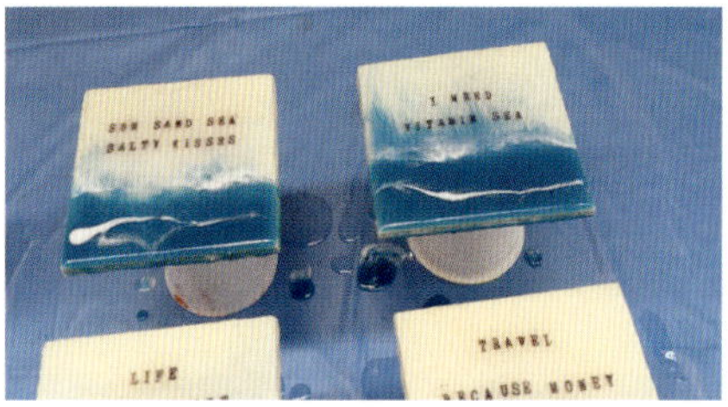

Tipp

Anstatt den Stempel auf das Stempelkissen zu drücken, lieber das Kissen auf die Druckfläche des Stempels bringen: So lässt sich die Farbe besser dosieren und es entstehen beim Stempeln weniger Flecken. Auch ein Probedruck auf Papier ist hilfreich. Sollte dennoch etwas schief gegangen sein, lässt sich die Tinte mit Isopropylalkohol und einem Wattestäbchen wieder vom Resin entfernen.

14 Für die zweite Schicht 70 ml Resin nach Herstellerangaben anmischen und auf drei Becher verteilen: 1x 5 ml, 1x 45 ml, 1x 20 ml.

15 Die 5 ml mit 5 Tropfen Tinte in Weiß mischen, die 20 ml mit 5 Tropfen Tinte in Dunkelblau. Die 45 ml bleiben klar.

16 Blaues Resin als Streifen unterhalb der Sprüche aufbringen, die restlichen Oberflächen mit klarem Resin übergießen.

17 Mit dem Gasbrenner die Luftbläschen entfernen.

18 Am Übergang zwischen den beiden Farben und auf der blauen Fläche mit einem Holzstäbchen und weißem Resin feine Linien aufbringen. Mit dem Heißluftföhn können Sie diese wellenförmig strukturieren.

19 Die Fliesen abdecken und 24 Stunden aushärten lassen, dann das Klebeband auf der Rückseite entfernen.

20 Aus dem Filz vier Quadrate (9,5 cm x 9,5 cm) ausschneiden und von unten auf die vollständig ausgehärteten Fliesen kleben.

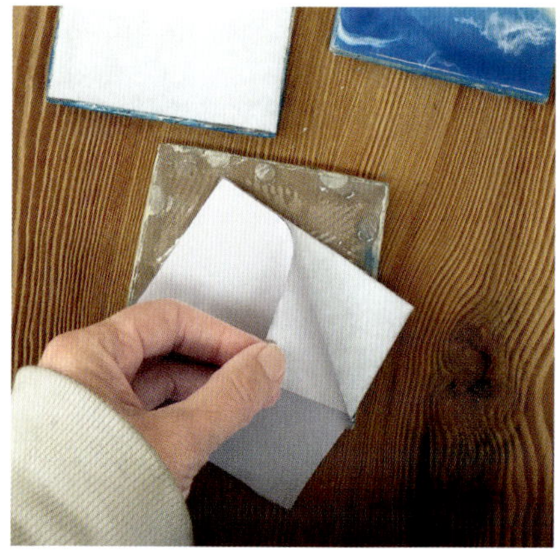

Hinweis

Handelsübliches Resin ist meist nicht hitzebeständig. Daher diese Untersetzer bitte nicht für heiße Töpfe etc. verwenden.

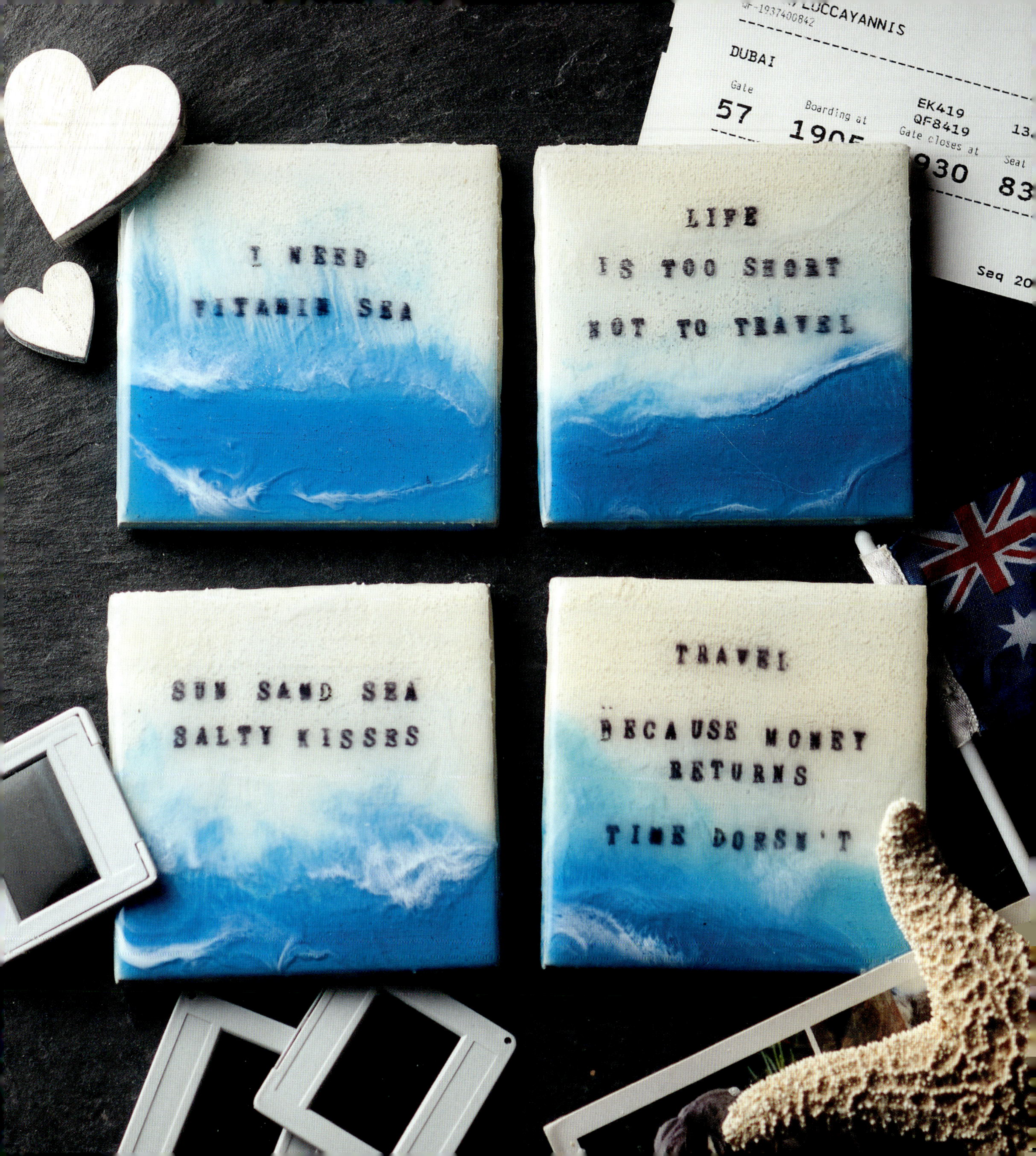
LUCCAYANNIS
DUBAI
Gate
57
Boarding at
EK419
QF8419
Gate closes at
Seat
I NEED
VITAMIN SEA
LIFE
IS TOO SHORT
NOT TO TRAVEL
SUN SAND SEA
SALTY KISSES
TRAVEL
BECAUSE MONEY
RETURNS
TIME DOESN'T

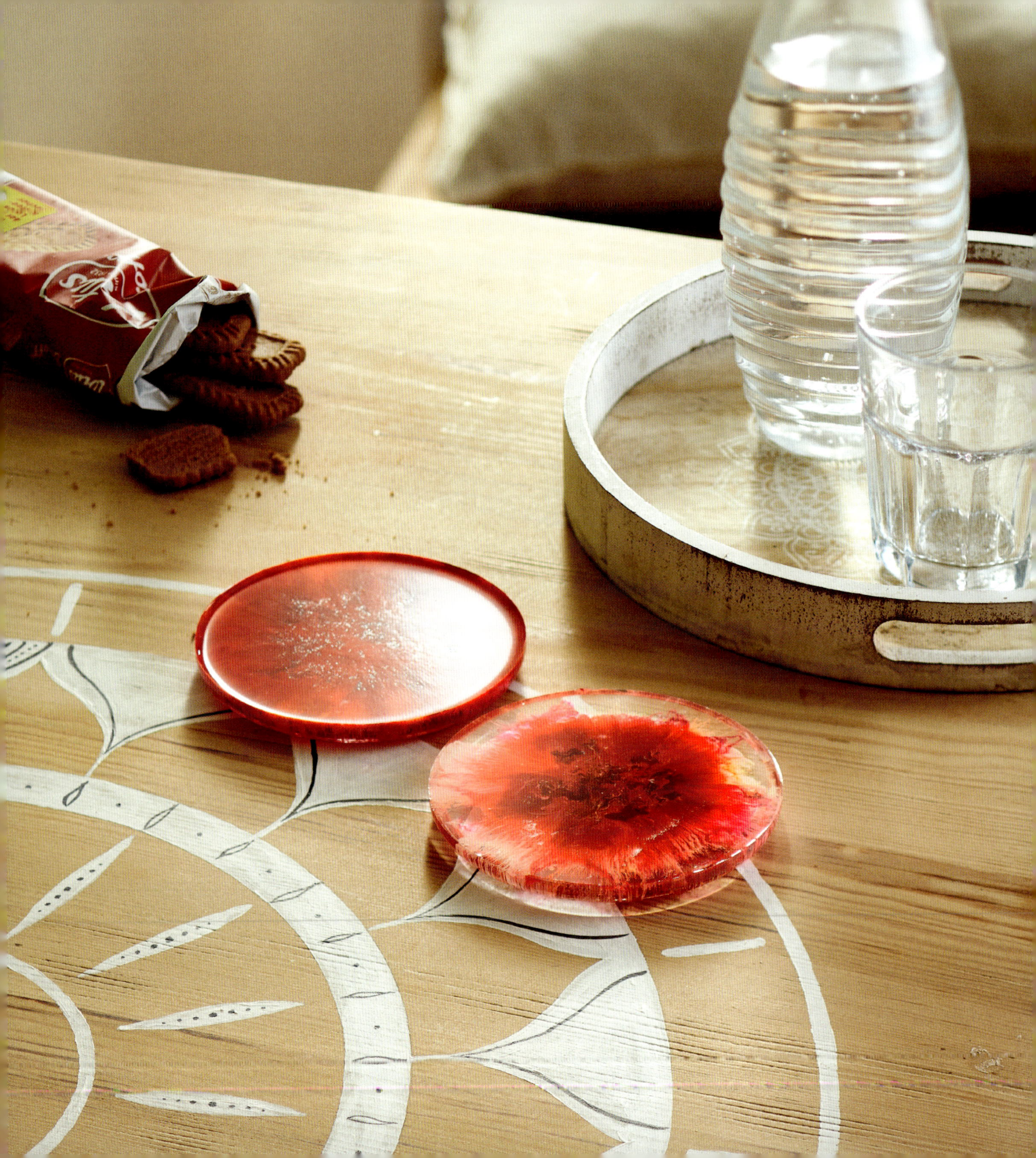

Untersetzer „Colours"

Größe

Ø 12 cm

Material pro Untersetzer

- Speiseöl
- Tuch
- Silikonform rund, Ø 12 cm
- 100 ml Resin für dünne Schichten
- Tinte („alcohol ink") in Gelb, Orange, Magenta, Weiß
- Holzstäbchen
- 3,5 TL Schmucksteine aus Glas

1 Die Silikonform dünn mit Öl ausstreichen.

2 Das Resin nach Herstellerangaben anmischen und in drei Schichten in die Form gießen.

3 Nach jeder Resin-Schicht mit dem Gasbrenner die Luftbläschen entfernen.

4 Vorsichtig 7 Tropfen Tinte in Gelb in der Form verteilen, je 1 Tropfen Tinte in Weiß in die Mitte der gelben Tropfen setzen. Dann 7 Tropfen Tinte in Magenta in der Form verteilen, je 1 Tropfen Tinte in Orange in die Mitte der magentafarbenen Tropfen setzen.

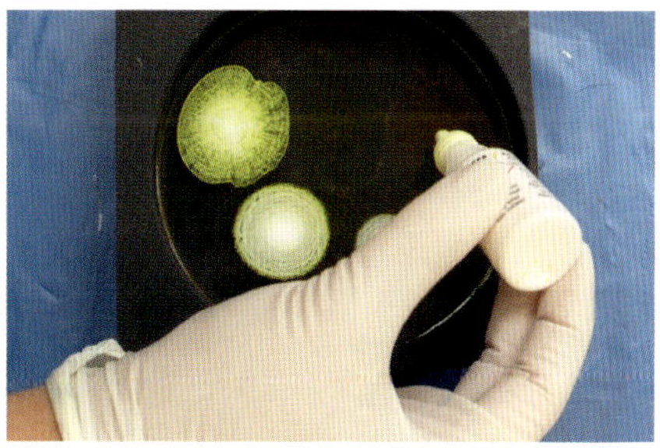

5 Das Tablett abdecken und 15 Minuten härten lassen.

6 Schritt 4 wiederholen, die neuen Tropfen in Gelb, Orange und Magenta dabei neben die bereits vorhandenen Tropfen setzen.

7 Das Tablett erneut abdecken und 15 Minuten härten lassen.

8 Schritt 6 wiederholen.

9 Mit dem Holzstäbchen das Resin nur ein Mal und ganz vorsichtig umrühren, um die Form einer Spirale zu erzeugen.

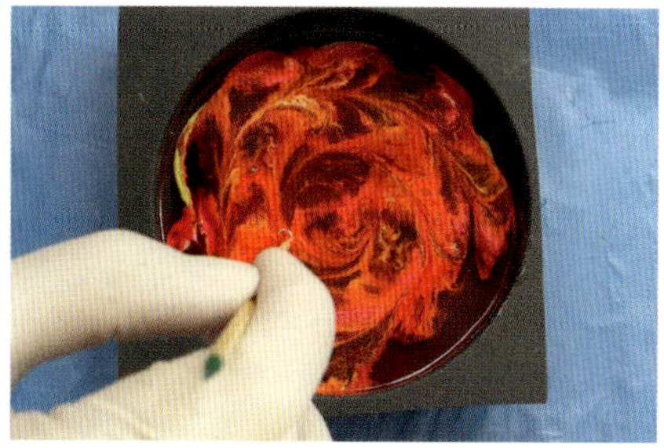

10 Das Tablett abdecken und 24 Stunden aushärten lassen. Danach kann der Untersetzer vorsichtig aus der Silikonform herausgelöst werden.

Hinweis

Handelsübliches Resin ist meist nicht hitzebeständig. Verwenden Sie daher diesen Untersetzer bitte nicht für heiße Töpfe etc.

Wandbild „Memories"

Größe

28 cm x 24,2 cm x 8 cm

Material

- Souvenirs/Symbole nach Wahl, z.B. Boarding Pass, Etiketten, Geldscheine
- Bastelkleber
- Pinsel
- Holzrahmen in Hexagon-Form, 28 cm x 24,2 cm x 8 cm
- 225 ml Resin für dünne Schichten
- 23 Fotos im Miniformat
- 3 Motivstanzer „Kreis", Ø 5,08 cm, Ø 3,81 cm, Ø 2,86 cm
- Schleifpapier, 120er-Körnung
- Tuch

1 Souvenirs mit Bastelkleber auf den Boden des Holzrahmens kleben und mit weiterem Kleber versiegeln. Darauf achten, dass sich keine Luftblasen unter dem Papier bilden. Gut trocknen lassen.

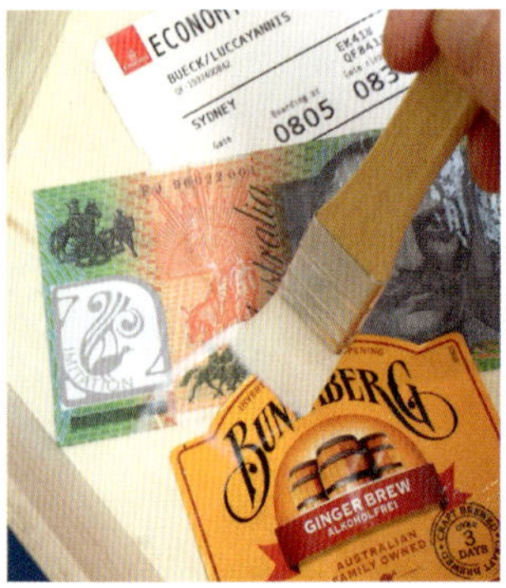

2 75 ml Resin nach Herstellerangaben anmischen, in den Rahmen gießen und gleichmäßig verteilen, dabei vorsichtig bis an den Rand und in die Ecken schieben.

3 Mit dem Gasbrenner die Luftbläschen entfernen, den Rahmen abdecken und 24 Stunden aushärten lassen.

4 Mit dem Motivstanzer Kreise aus den Fotos ausstanzen: 3x Ø 5,08 cm, 3x Ø 3,81 cm, 4x Ø 2,86 cm.

> Tipp
>
> Das Foto so in den Motivstanzer einlegen, dass das Motiv zu sehen ist, damit der Ausschnitt gut bestimmt werden kann.

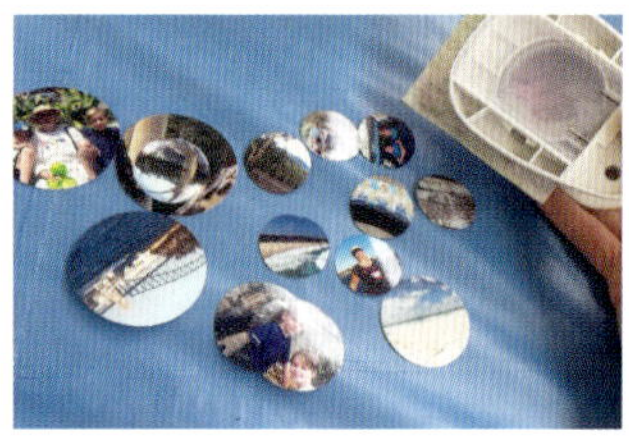

5 Die ausgehärtete Resin-Fläche anschleifen, den dabei entstehenden Staub mit einem feuchten Tuch sorgfältig entfernen. Trocknen lassen.

6 Die Fotos auf das Resin kleben, mit etwas Kleber versiegeln und trocknen lassen.

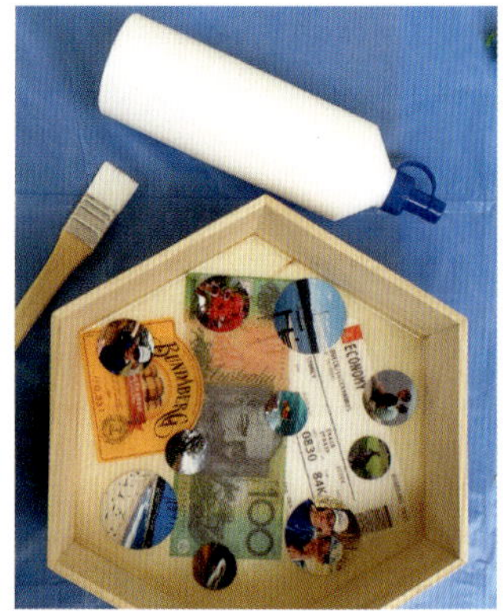

7 Schritt 2 und 3 wiederholen.

8 Aus den übrigen Fotos weitere Kreise ausstanzen: 3x 5,08 cm, 3x 3,81 cm, 7x 2,86 cm.

9 Schritt 6 wiederholen.

10 Erneut Schritt 2 und 3 wiederholen.

11 Den Aufhänger an der Rückwand des Rahmens befestigen.

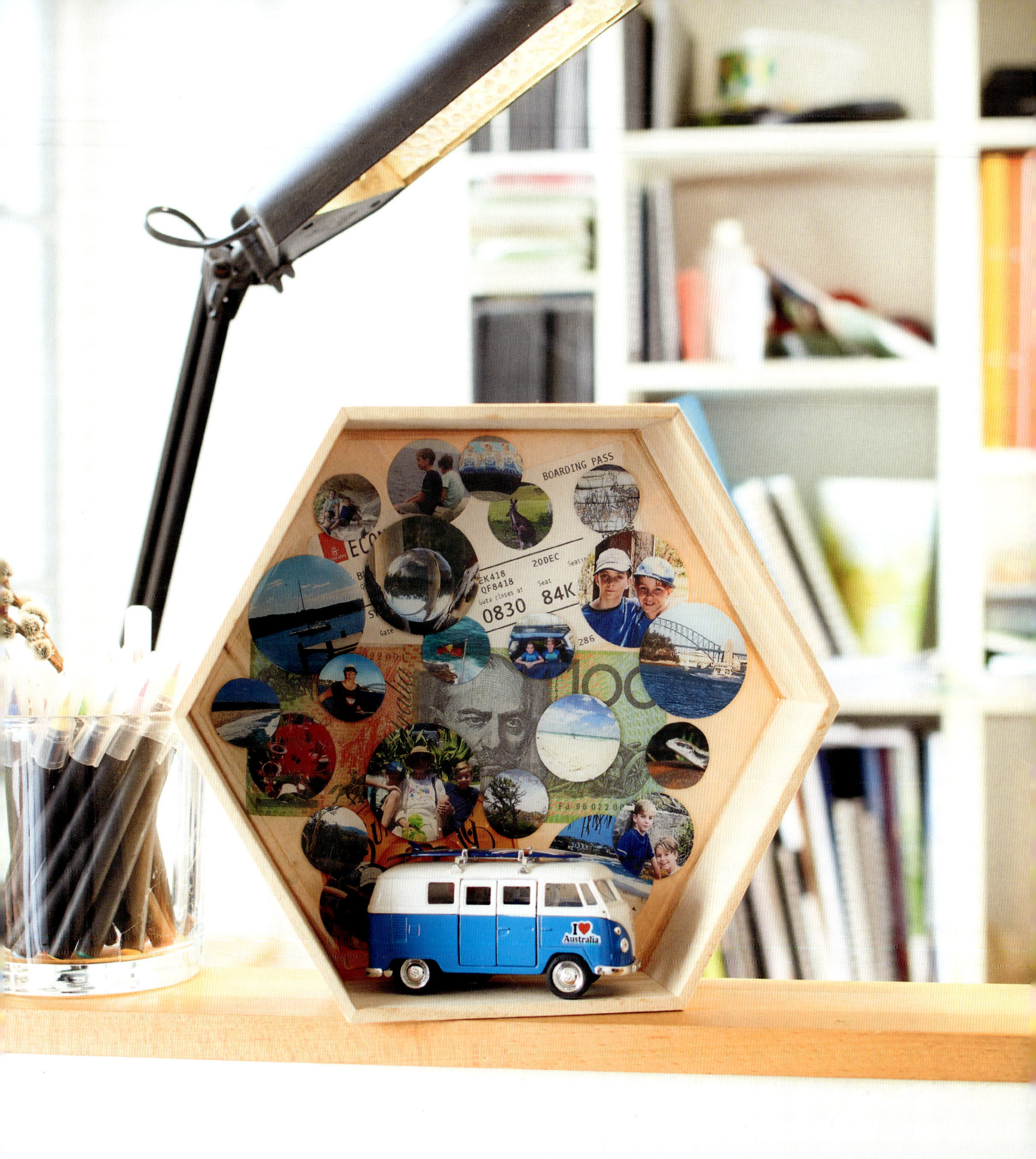
BOARDING PASS
EK418
QF8418
20DEC
Seat
84K
0830
I ♥ Australia

Tablett „Herbst"

Größe

39 cm x 28 cm

Vorlagen

Seite 108/109

Material

- Schwamm
- Holztablett, 39 cm x 28 cm
- Kreidefarbe in Dunkelbraun, Anthrazit
- Silikon
- 6 Blätter, gepresst und durchgetrocknet
- Acrylmarker in Weiß und Schwarz, 0,7 mm
- Bastelkleber
- 300 ml Resin für dünne Schichten
- Schleifpapier, 120er-Körnung
- Tuch

1 Mit dem Schwamm auf das Tablett vollflächig braune Kreidefarbe aufbringen. Mit Anthrazit Akzente ins noch feuchte Braun setzen.

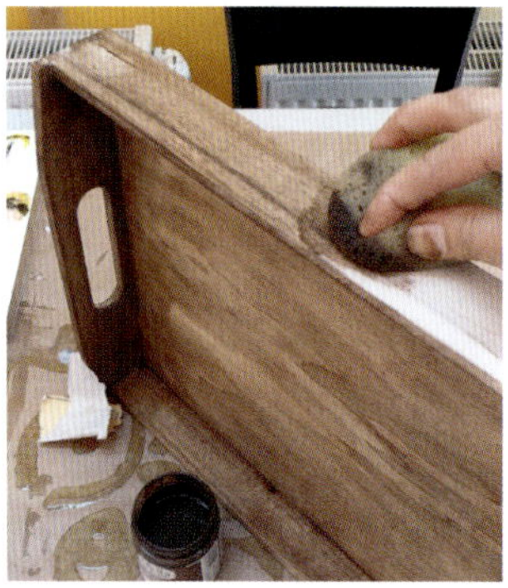

2 Die Kanten an der Unterseite des Tabletts mit Silikon abdichten und trocknen lassen.

3 Mit dem weißen Acrylmarker und verschieden großen Bechern auf einem Blatt drei Halbkreise anlegen, mit dem Stielansatz als Kreismittelpunkt. Ein Mandala entwickeln oder die Vorlagen nutzen; hauptsächlich Weiß verwenden mit Akzenten in Schwarz.

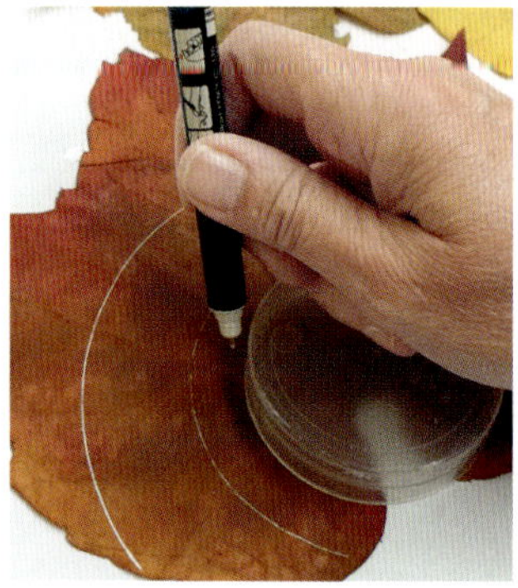

4 Schritt 3 für alle Blätter wiederholen, bei zweien hauptsächlich Schwarz verwenden mit Akzenten in Weiß.

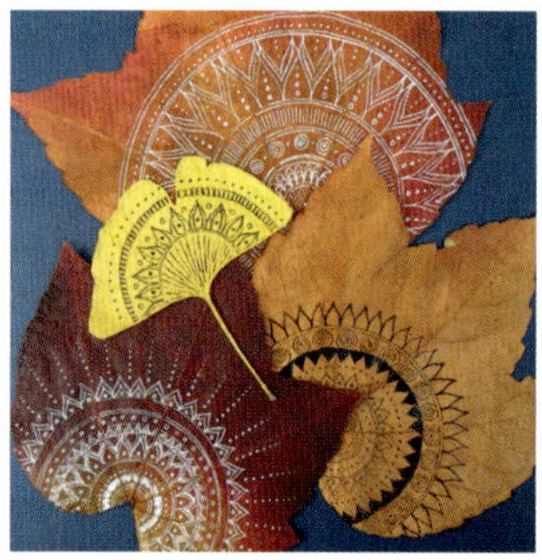

5 Drei der Blätter aufkleben und ggf. doppelt mit Kleber versiegeln. Darauf achten, dass sich unter den Blättern keine Luftblasen bilden und dass die Blattspitzen nicht nach oben umklappen. Vollständig trocknen lassen.

6 150 ml Resin nach Herstellerangaben anmischen, in das Tablett gießen und gleichmäßig verteilen.

7 Mit dem Gasbrenner die Luftbläschen entfernen, das Tablett abdecken und 24 Stunden aushärten lassen.

8 Das Resin anschleifen, den dabei entstehenden Staub mit einem feuchten Tuch vollständig entfernen, trocknen lassen.

Tipp

Wenn sich auf der Oberfläche Luftblasen gebildet haben, können Sie diese durch Schleifen entfernen. Den Staub davon sorgfältig entfernen!

9 Mit den restlichen Blättern und dem restlichen Resin die Schritte 5 bis 7 wiederholen.

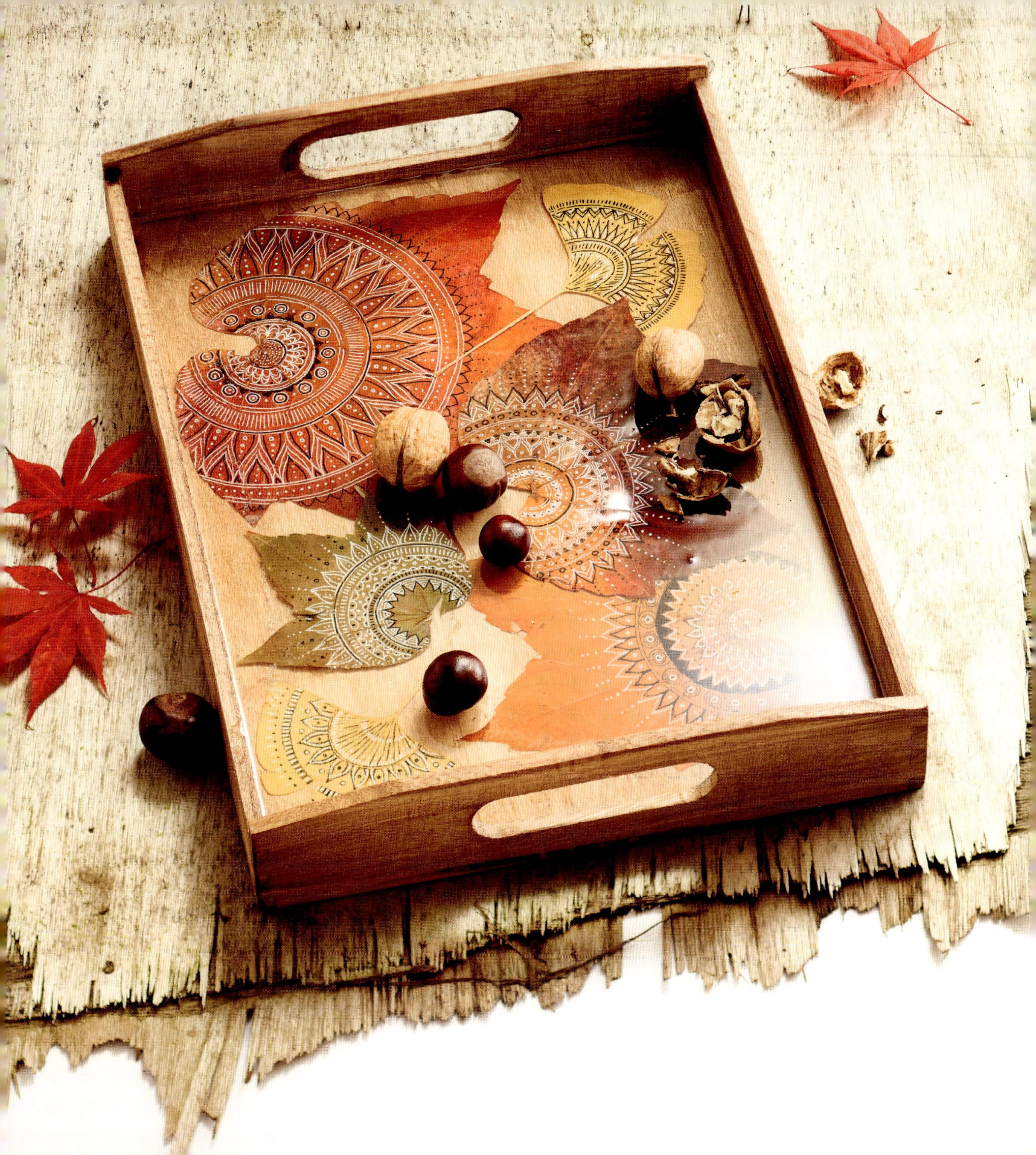

Etagere

Größe

33 cm hoch

Material

- stabile Unterlage
- Müllsack
- 3 Teller zum Anzeichnen der Kreise, Ø 27 cm, Ø 20,5 cm, Ø 14,5 cm
- Folienstift
- Silikon
- 400 ml + etwas Resin für dünne Schichten
- Metallic-Pigment in Dunkelgrün, Hellgrün, Silberweiß, Silbergrau
- Tinte („alcohol ink") in Silber
- Holzstäbchen
- 2 EL Dekosteine aus Glas, transparent
- Schleifpapier, 120er-Körnung
- Holzbohrer, Ø 6 mm
- Glasnuggets, Ø 1 cm, 4 mm stark
- Bausatz für Metall-Etagere

1 Auf einer stabilen Unterlage, z.B. einem festen Karton, einen aufgeschnittenen Müllsack ausbreiten und diesen mit Klebeband so befestigen, dass er keine Falten wirft. Den Untergrund exakt waagerecht ausrichten.

Hinweis

Bitte mit wenig Resin zuerst testen, ob sich das Material vom Müllsack gut ablösen lässt.

2 Mithilfe der Teller und einem Folienstift auf der Folie drei unterschiedlich große Kreise anzeichnen.

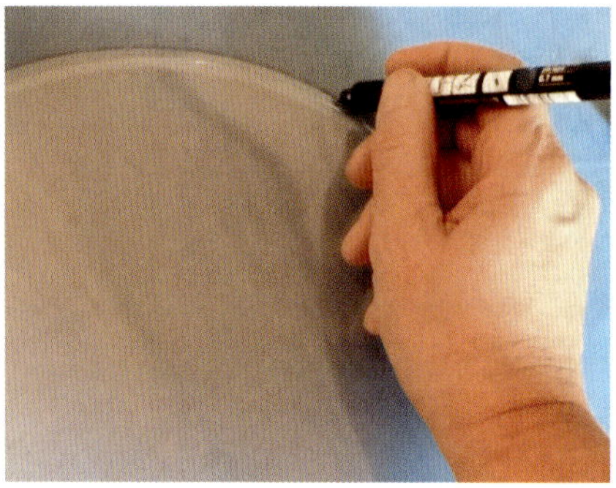

3 Die angezeichneten Kreislinien unregelmäßig mit dem Silikon nachzeichnen, die Umrandung soll 6 mm hoch werden. 8 Stunden aushärten lassen.

Hinweis

Das Silikon muss überall Kontakt mit der Folie haben, damit keine Undichtigkeiten entstehen.

4 200 ml Resin nach Herstellerangaben anmischen und auf vier Becher aufteilen: 2x 70 ml, 2x 30 ml.

5 Eine Portion à 70 ml mit 1 Spatelspitze Pigment in Dunkelgrün mischen, die zweite mit 1 Spatelspitze Pigment in Hellgrün. Eine Portion à 30 ml mit 1 Spatelspitze Pigment in Silberweiß mischen, die zweite mit ½ Spatelspitze Pigment in Silbergrau + 2 Tropfen Tinte in Silber.

Weiter auf Seite 70.

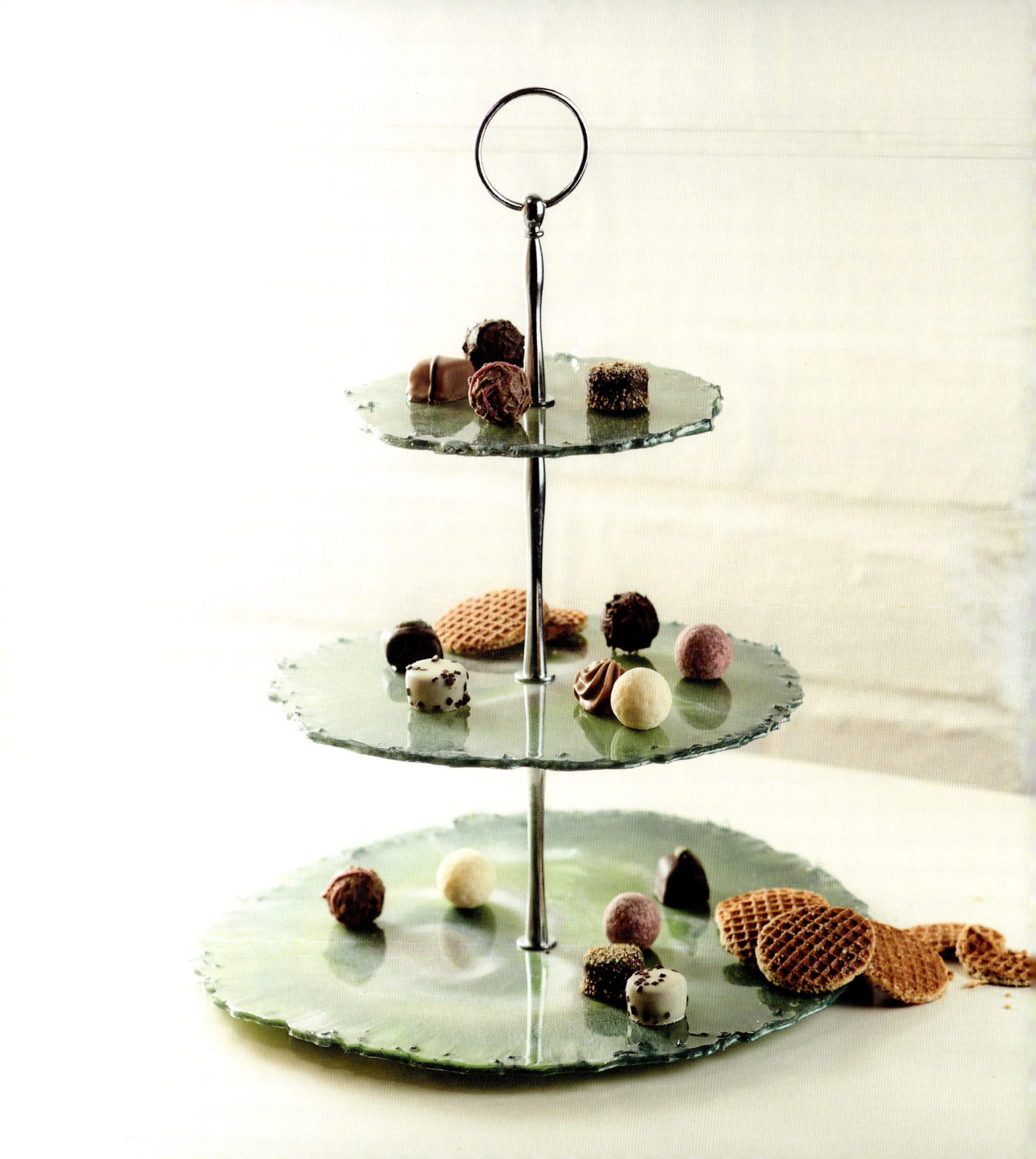

6 In jeden der drei Kreise die verschiedenen Farbtöne in unterschiedlich breiten Ringen eingießen, von außen nach innen: Dunkelgrün, Hellgrün, Grau, Weiß, Hellgrün, Dunkelgrün, Weiß, Grau. Zwischen den beiden äußeren grünen Ringen mit dem Holzstäbchen und silberweißem Resin eine feine Linie ziehen.

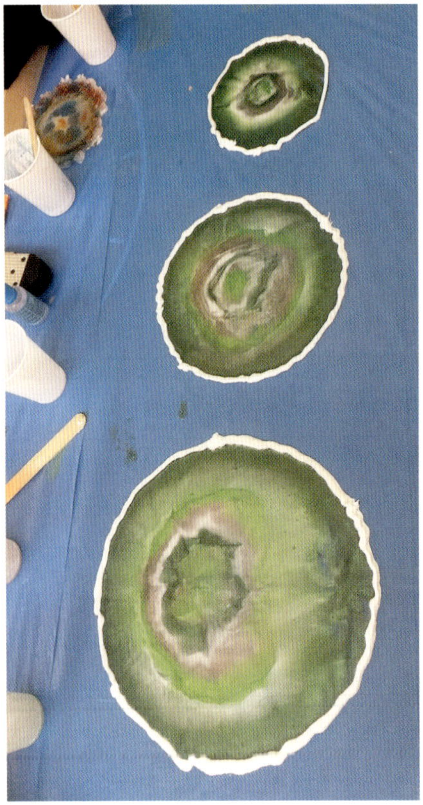

7 Jeweils an der Silikonumrandung entlang ins dunkelgrüne Resin Dekosteine einstreuen.

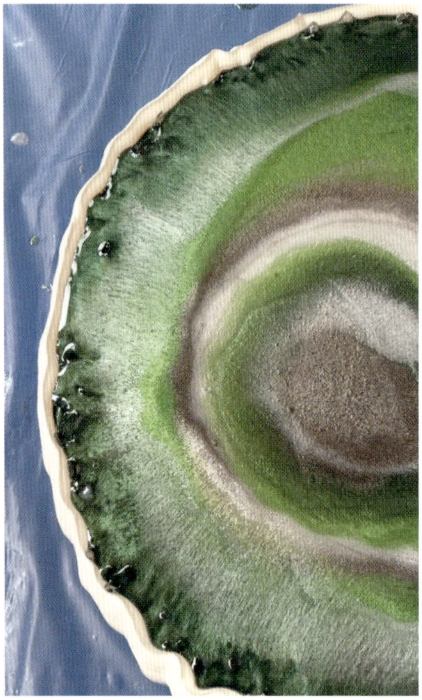

8 Mit dem Gasbrenner die Luftbläschen entfernen.

> Hinweis
>
> Achtung, nicht zu nah an die Müllsackfolie kommen!

9 Mit dem Heißluftföhn die Ringe weiter strukturieren. Dabei den Luftstrom nur vorsichtig und vertikal von oben auf das Resin richten, damit darin nicht zu viel Wellenbewegung entsteht.

10 Die Kreise abdecken und 24 Stunden aushärten lassen, anschließend die Oberfläche anschleifen.

11 Die Schritte 4, 5, 6, 8 und 9 wiederholen.

12 Die Kreise erneut abdecken und 24 Stunden aushärten lassen, dann den Silikonrand vorsichtig abziehen. Überreste können Sie mit dem Cuttermesser ablösen.

13 In die Mitte jeder Scheibe mit dem Holzbohrer ein Loch bohren.

14 Für die letzten Schritte bitte warten, bis die Scheiben wirklich ganz hart sind – das kann circa 1 Woche dauern –, andernfalls können sie sich verformen.

15 An der Unterseite der größten Scheibe mit einer kleinen Menge Resin drei Nuggets als Auflagepunkte aufkleben, jeweils mit ca. 2 cm Abstand zum Rand.

16 Führen Sie die Stangen des Bausatzes durch die Löcher und schrauben Sie den Bausatz zusammen, dabei nicht die Unterlegscheiben unterhalb jeder Scheibe vergessen.

Teebox

Größe

28,5 cm x 23,5 cm x 7 cm

Material

- Holzbox, 28,5 cm x 23,5 cm x 7 cm
- Schraubenzieher
- Schleifpapier, 150er-Körnung
- Silikon in Transparent
- 180 ml Resin für dünne Schichten
- Metallic-Pigment in Grün
- Papier
- Silikonstempel, verschiedene Buchstaben
- Acrylblock
- Stempelkissen mit wasserfester Tinte in Schwarz

1 Die Beschläge von der Box abschrauben und sorgfältig aufbewahren. Den Holzrahmen bei Bedarf glatt schleifen.

2 Die Zwischenräume zwischen Glas und Holzrahmen auf der Rückseite des Boxendeckels mit Silikon abdichten und aushärten lassen.

3 Den Holzrahmen des Deckels von oben abkleben, die Glasscheibe reinigen und den Deckel auf Becher legen, exakt waagerecht ausrichten.

4 70 ml Resin nach Herstellerangaben anmischen und mit 1 Spatelspitze Metallic-Pigment in Grün einfärben.

5 Das Resin in den Rahmen auf die Scheibe gießen, maximal bis zum Rand des Rahmens.

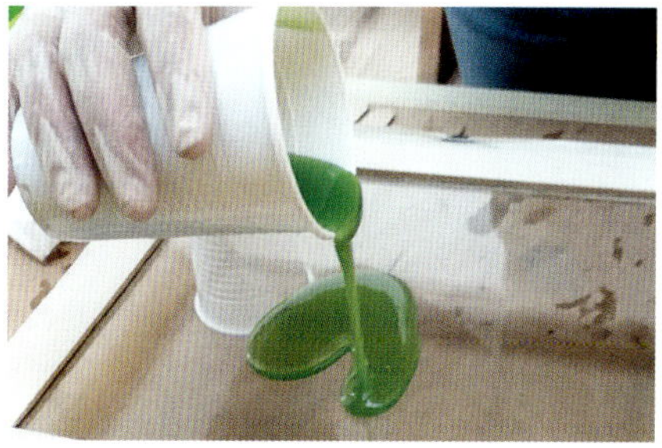

6 Mit dem Gasbrenner die Luftbläschen entfernen, den Rahmen abdecken und 6–8 Stunden aushärten lassen, dann das Klebeband abziehen.

7 10 ml Resin nach Herstellerangaben anmischen und mit einem dünnen Pinsel auf den Holzrand aufbringen zur Versiegelung.

Weiter auf Seite 72.

8 Den Rahmen abdecken und mindestens 24 aushärten lassen.

9 Die Oberfläche anschleifen.

10 Die einzelnen Buchstabenstempel für den gewählten Spruch auf dem Acrylblock befestigen. Das Stempelkissen auf die Buchstaben drücken und mit dem Block auf das Papier stempeln, um eine Schablone zu haben. Das bedruckte Papier mit Klebeband von hinten auf dem Glas anbringen.

11 Den Spruch gemäß Schablone auf das angeschliffene Resin stempeln und die Tinte durchtrocknen lassen.

> Tipp
>
> Mit etwas Alkohol und einem weichen Tuch bzw. Wattestäbchen lässt sich das Gestempelte noch ein wenig korrigieren.

12 Die Kante des Holzdeckels mit Klebeband abkleben. Den Deckel erneut auf Becher legen und exakt waagerecht ausrichten.

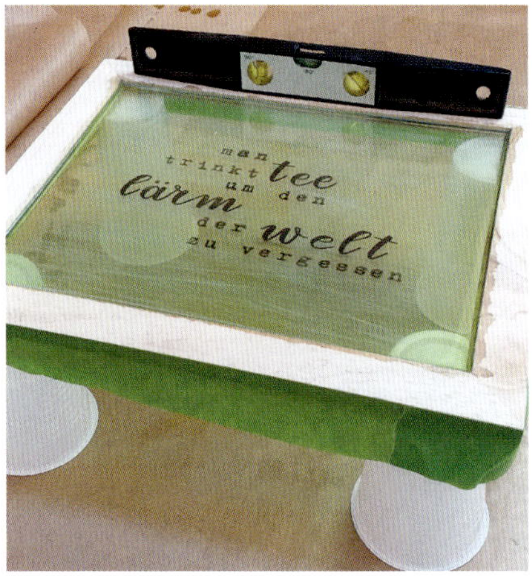

13 100 ml Resin nach Herstellerangaben anmischen und gleichmäßig auf der Fläche verteilen.

14 Mit dem Gasbrenner die Luftbläschen entfernen, den Deckel abdecken und 6–8 Stunden aushärten lassen, dann das Klebeband entfernen.

15 Nach 24 Stunden die Beschläge wieder anschrauben und den Deckel mit der Teebox verbinden.

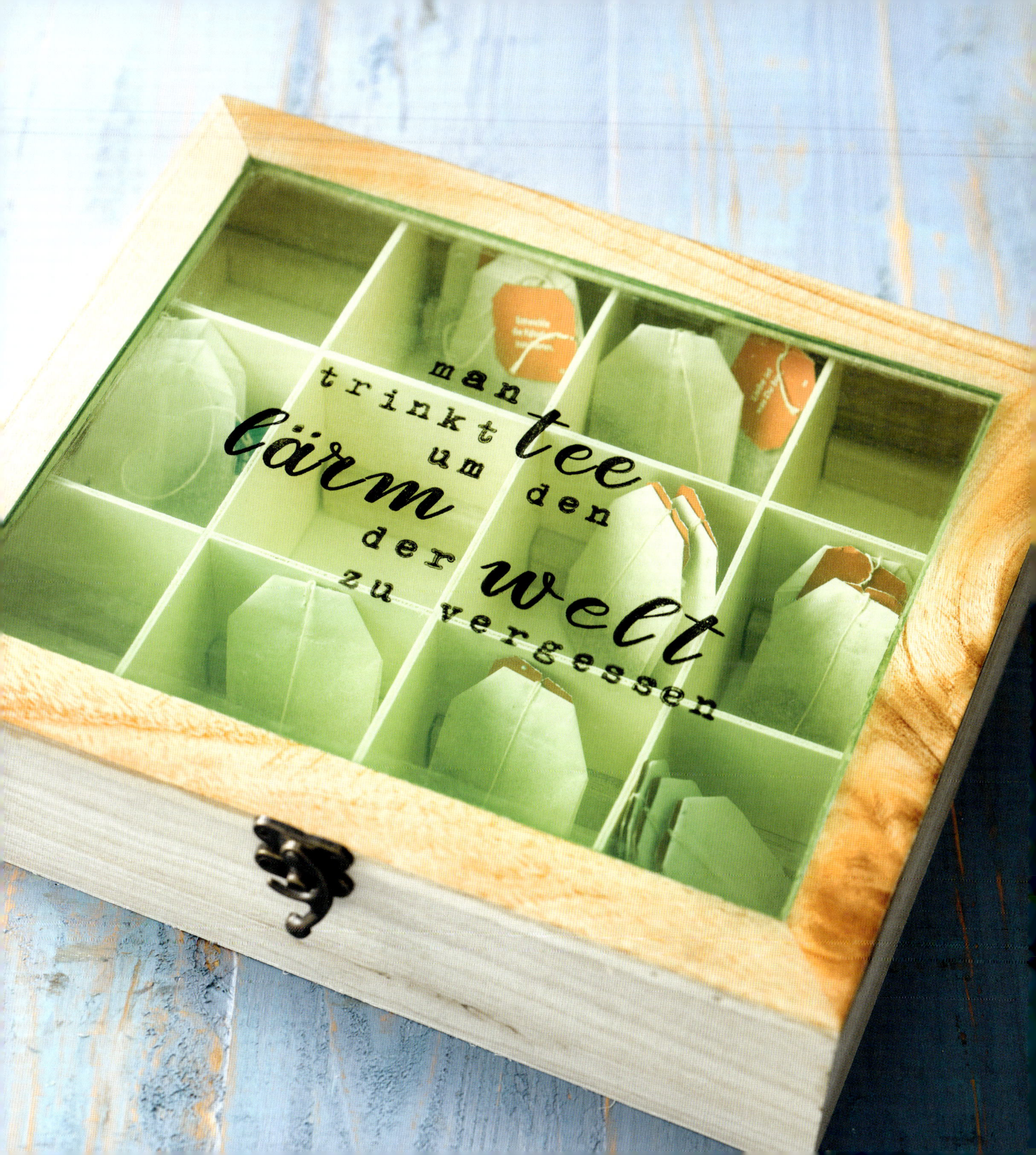
man
trinkt
tee
um
den
lärm
der
welt
zu
vergessen

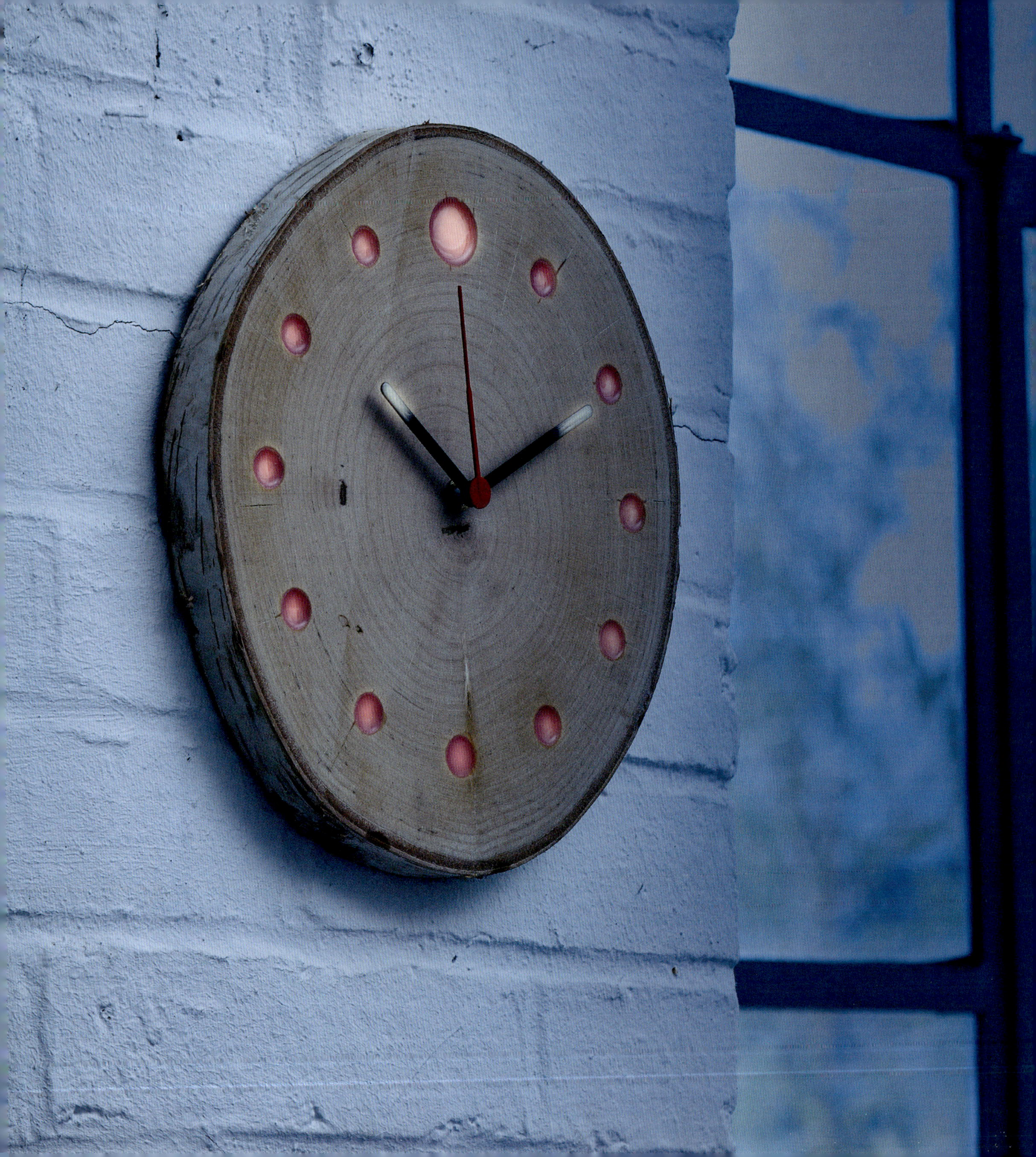

Uhr

Größe

Ø 29–32 cm

Material

- Birkenscheibe, Ø 29–32 cm, 2,5 cm stark
- Schleifpapier, 120er-Körnung
- Bleistift
- Geodreieck
- 4 Holzbohrer, Ø 1 mm, Ø 10 mm, Ø 15 mm, Ø 25 mm
- Nagel
- 10 ml + etwas Resin für dünne Schichten
- fluoreszierendes Pigment in Lila
- Uhrzeiger aus Kunststoff
- Leuchtmedium
- 2 Astlochbohrer, Ø 25 mm, Ø 35 mm
- Holzöl
- Uhrwerk

1 Die Birkenscheibe glattschleifen und mit leichtem Strich die Mitte anzeichnen sowie die Mittelpunkte der Stundenkreise: Dafür vom Mittelpunkt aus insgesamt 12 Linien ziehen, die jeweils in einem 30°-Winkel zueinander stehen. Markieren Sie dann auf diesen Linien jeweils im Abstand von 10 cm vom Mittelpunkt der Holzscheibe die Mittelpunkte der Stundenkreise.

2 An einem der 12 Punkte mit dem 25 mm-Holzbohrer 3 mm tief bohren: Das ist der 12 Uhr-Punkt. An allen anderen Punkten mit dem 15 mm-Holzbohrer 3 mm tief bohren.

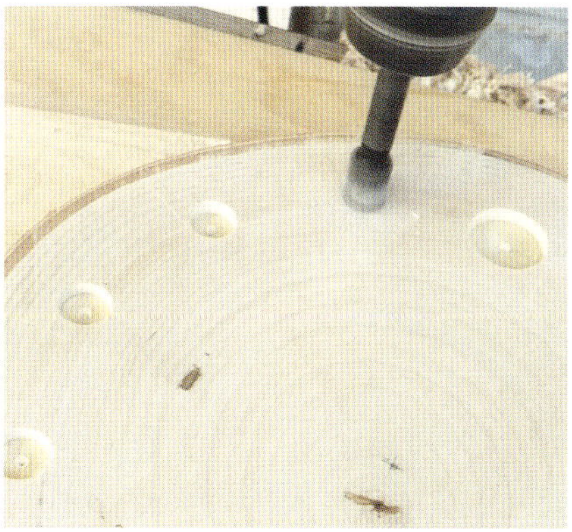

3 In den Mittelpunkt der Holzscheibe oberflächlich einen Nagel einschlagen, diesen wieder entfernen und mit dem 1 mm-Holzbohrer vertikal durch die Scheibe bohren.

4 Mit dem Schleifpapier die Bleistiftlinien entfernen und die Holzscheibe sorgfältig von Bohr- und Schleifstaub befreien.

5 Ein wenig Resin nach Herstellerangaben anmischen und in die Bohrlöcher geben. 4 Stunden aushärten lassen.

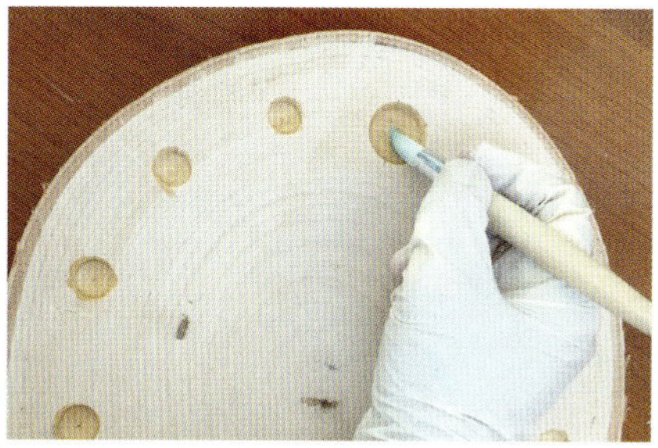

6 10 ml Resin nach Herstellerangaben anmischen und mit 5 g Pigment in Lila vermischen. Die Bohrlöcher vorsichtig damit befüllen.

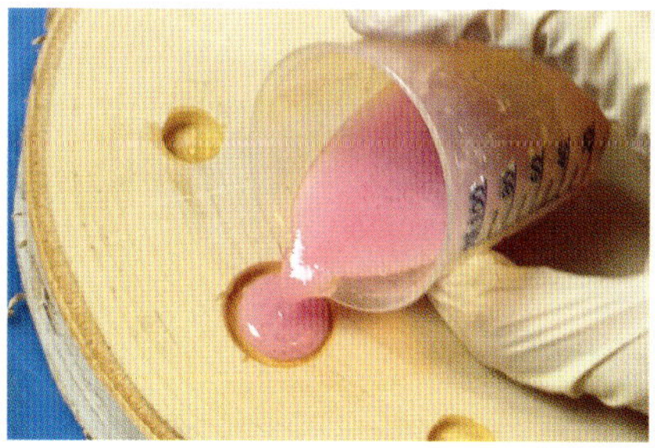

7 Mit dem Gasbrenner die Luftbläschen entfernen.

8 Die Uhr abdecken und 24 Stunden aushärten lassen.

Weiter auf Seite 76.

9 Die Uhrzeiger ca. 2 cm tief in das Leuchtmedium eintauchen. Die Rückseite der Zeiger abwischen und die Zeiger trocknen lassen.

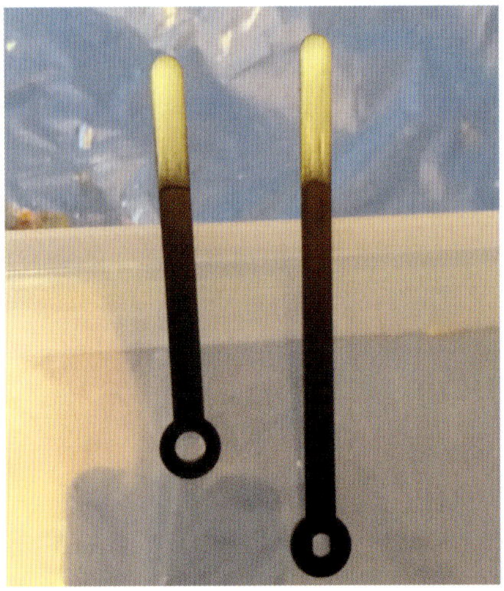

10 Mit den Astlochbohrern auf der Rückseite der Holzscheibe 18 mm tief bohren für das Uhrwerk. Von vorne mit dem 10 mm-Holzbohrer im Mittelpunkt durch die Holzscheibe bohren.

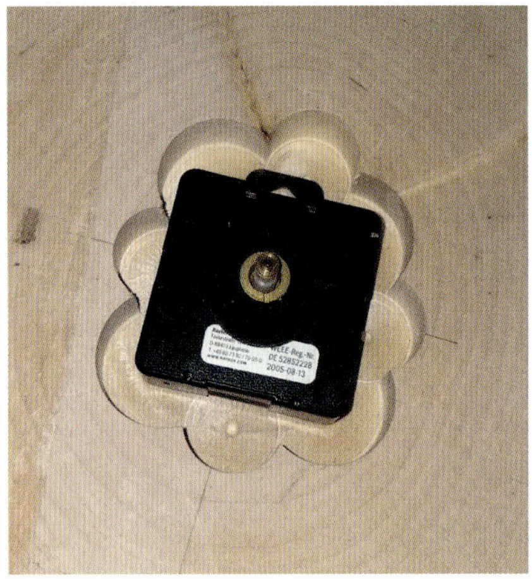

11 Die Holzscheibe mit Holzöl einlassen und trocknen lassen.

12 Das Uhrwerk und die Zeiger montieren.

Tipp

Flecken auf dem Holz können nach dem Aushärten des Resin vorsichtig abgeschliffen werden.

Wandbild „Dreams"

Größe

ca. 50 cm x 50 cm

Material

- 3 Holzscheiben „Dream filigran", Ø 7 cm
- 2 Holzscheiben „Dream filigran", Ø 10 cm
- 1 Holzscheibe „Dream filigran", Ø 13 cm
- 3 Holzscheiben „Dream modern", Ø 7 cm
- 2 Holzscheiben „Dream modern", Ø 10 cm
- 1 Holzscheibe „Dream modern", Ø 13 cm
- 2 Holzringe, Ø 18 cm
- Holzschriftzug, 187 mm x 180 mm x 4 mm
- Acryllackspray in Weiß, Silber, Gold
- 3-D-Bilderrahmen in Weiß für Bildgröße 50 cm x 50 cm
- Holzplatte, 47 cm x 47 cm
- 1120 ml Resin für dünne Schichten
- Schleifpapier, 120er-Körnung

1 In einem gut belüfteten Raum die Holzteile lackieren:

- in Weiß:
Holzschrift / 1 Scheibe „Dream filigran", Ø 7 cm / 1 Scheibe „Dream filigran", Ø 10 cm / 1 Scheibe „Dream modern", Ø 7 cm / 1 Scheibe „Dream modern", Ø 10 cm

- in Silber :
1 Holzring / 1 Scheibe „Dream filigran", Ø 7 cm / 1 Scheibe „Dream filigran", Ø 13 cm / 1 Scheibe „Dream modern", Ø 7 cm / 1 Scheibe „Dream modern", Ø 10 cm einen Holzring d = 18 cm

- in Gold:
1 Holzring / 1 Scheibe „Dream filigran", Ø 7 cm / 1 Scheibe „Dream filigran", Ø 10 cm / 1 Scheibe „Dream modern", Ø 7 cm / 1 Scheibe „Dream modern", Ø 13 cm

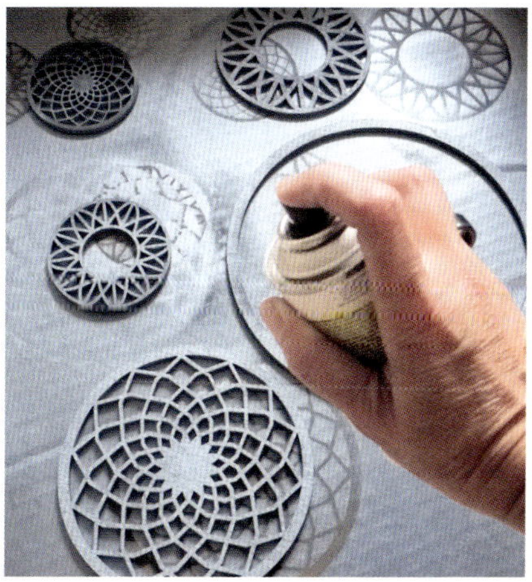

2 Die Holzscheiben durchtrocknen lassen.

3 Die Acrylglasscheibe des 3-D-Rahmens ausbauen und nur die Schutzfolie auf der Vorderseite entfernen. Die Kanten abkleben, das Klebeband oben ca. 10 mm überstehen lassen, unten bei Bedarf umschlagen.

4 Die Holzplatte auf Becher legen und exakt waagerecht ausrichten. Die Scheibe auf die Platte legen.

> **Hinweis**
>
> Die Holzplatte dient dazu zu verhindern, dass sich die Glasplatte unter dem Gewicht des Resin nicht durchbiegt.

5 10 ml Resin nach Herstellerangaben anmischen.

Weiter auf Seite 78.

6 Die lackierten Holzscheiben und den lackierten Holzring dünn damit einstreichen, auch die Kanten, und auf dem Acrylglas platzieren. Aushärten lassen.

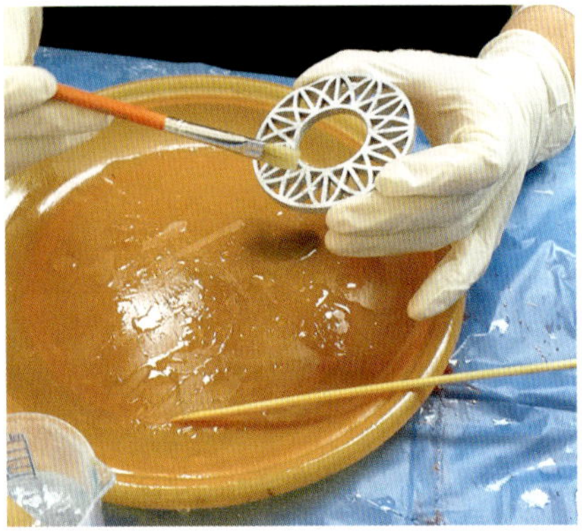

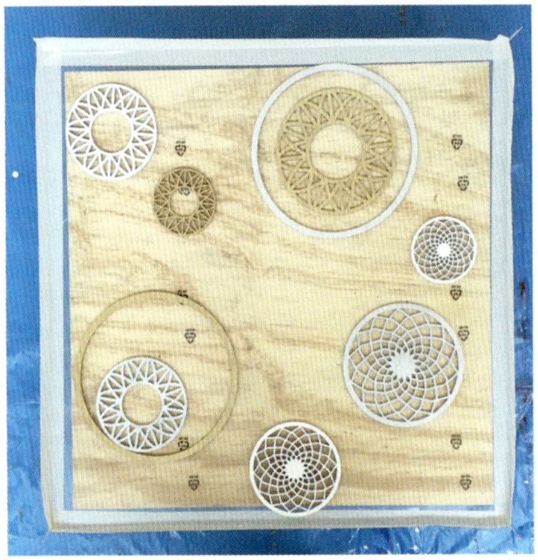

7 400 ml Resin nach Herstellerangaben anmischen, gleichmäßig auf der Glasscheibe verteilen und auch in die Zwischenräume der Holzscheiben gießen.

8 Mit dem Gasbrenner die Luftbläschen entfernen, die Glasscheibe abdecken und 24 Stunden aushärten lassen.

9 Die Oberfläche anschleifen und die Schritte 6 und 7 wiederholen, um die Holzscheiben vollständig zu umschließen.

10 Wiederholen Sie die Schritte 4 und 5 für den Holzschriftzug und die verbleibenden Holzscheiben.

11 Die Oberfläche rund um die Holzteile anschleifen.

12 300 ml Resin nach Herstellerangaben anmischen und um die Holzteile herum gleichmäßig verteilen. Diese sollen aus der Fläche herausragen.

13 Mit dem Gasbrenner die Luftbläschen entfernen, die Glasscheibe abdecken und 24 Stunden aushärten lassen.

14 Das Klebeband abziehen, ggf. mit der Kreissäge die Kante sauber absägen.

15 Die Schutzfolie auf der Rückseite der Glasscheibe entfernen. Die Resin-Platte in den Rahmen legen, mit den Abstandsleisten (ohne Rückwand) fixieren.

16 Den Aufhänger am Rahmen befestigen.

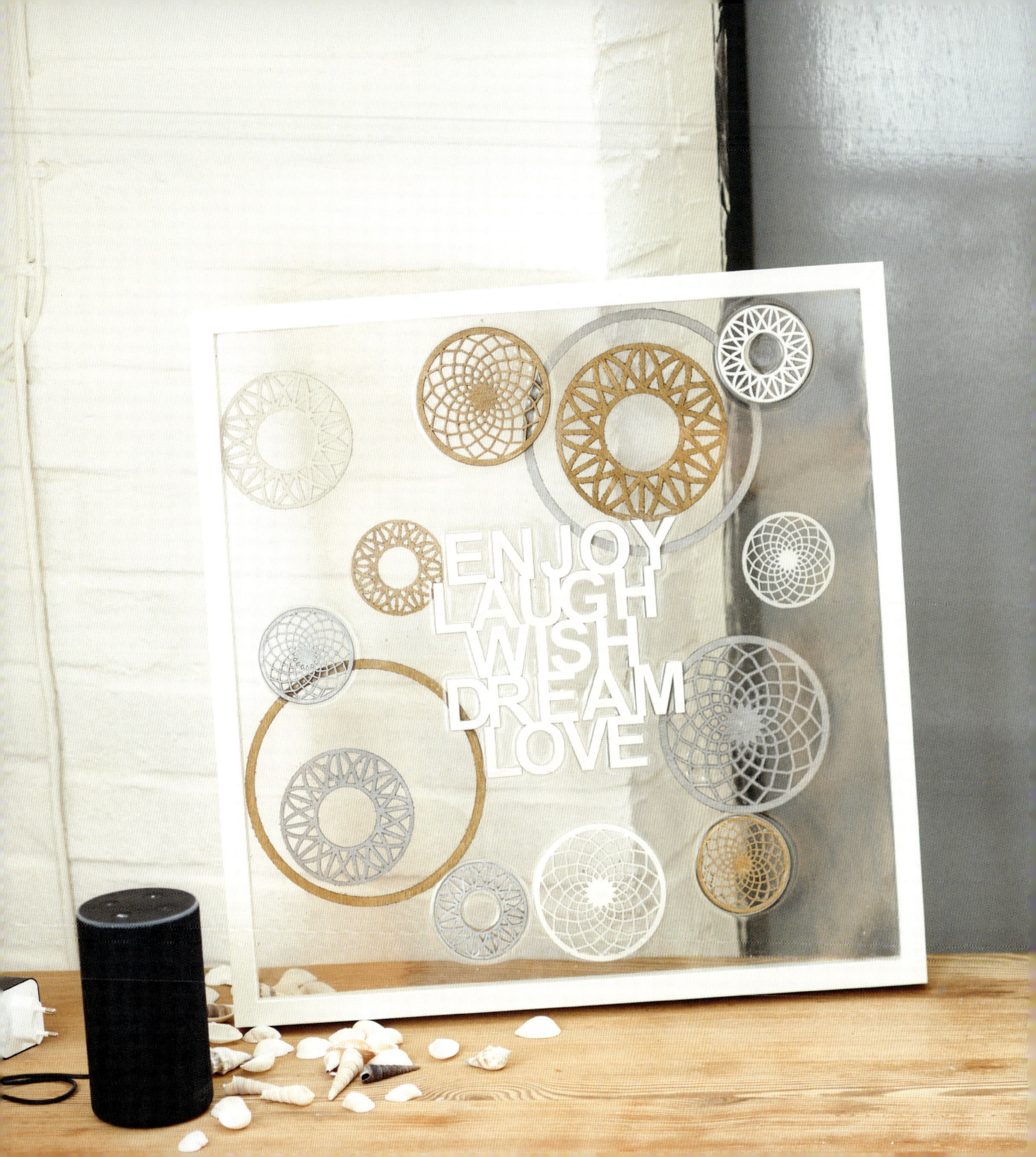
ENJOY
LAUGH
WISH
DREAM
LOVE

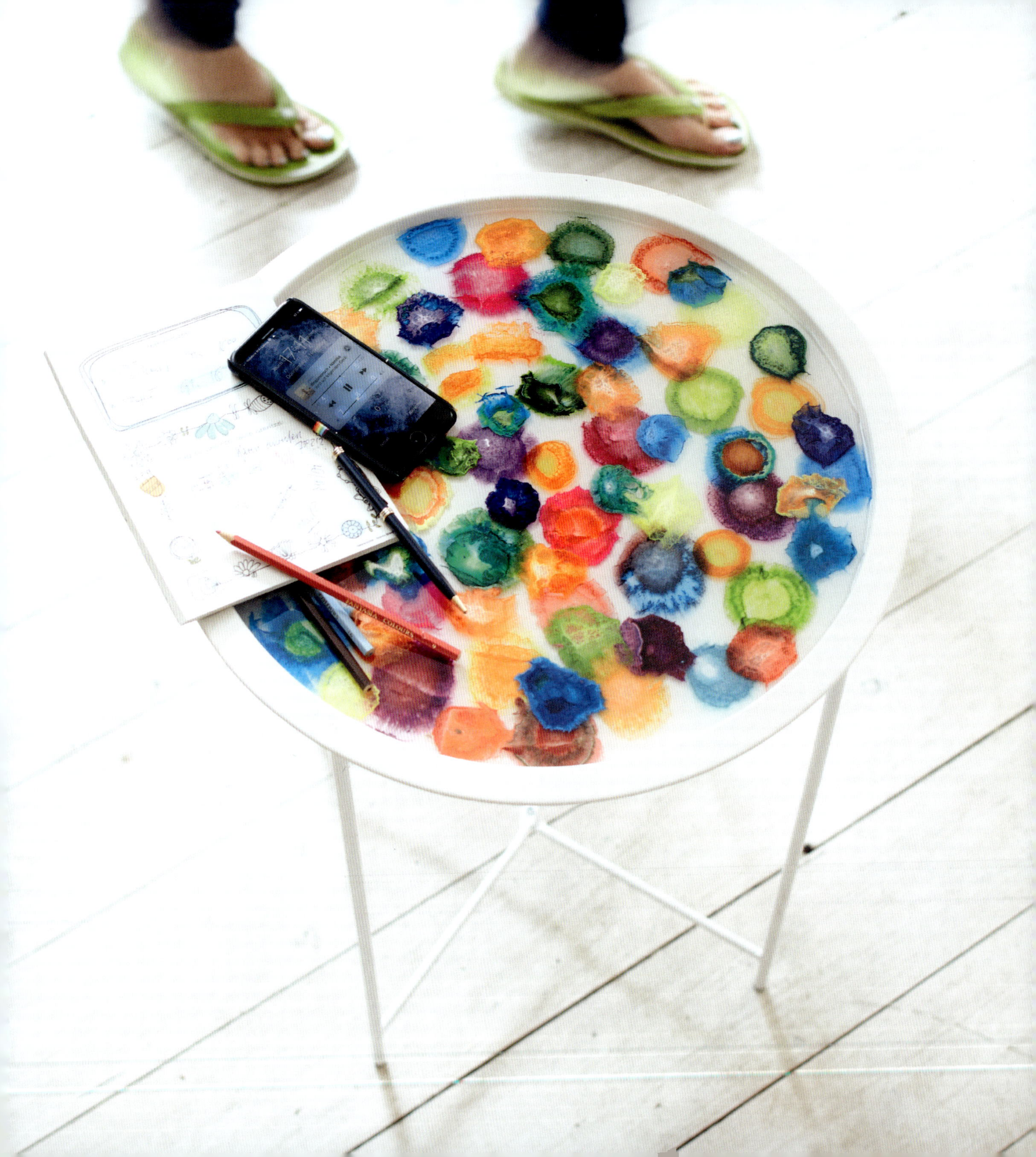

Tablett-Tisch „Colourdrops"

Größe

45 cm x 53 cm

Material

- Tablett-Tisch in Weiß, 45 cm x 53 cm
- 600 ml Resin für dünne Schichten
- Tinte („alcohol ink") in 10 Farben, Weiß
- Schleifpapier, 120er-Körnung

1 Das Tablett vom Tisch abnehmen und mit etwas Alkohol gründlich reinigen. Exakt waagerecht auf der Arbeitsunterlage ausrichten.

2 300 ml Resin nach Herstellerangaben anmischen und gleichmäßig auf dem Tablett verteilen.

3 Mit dem Gasbrenner die Luftbläschen entfernen.

4 Etwa 35 Tintenflecken auf dem Tablett verteilen: 1 Tropfen Tinte einer Farbe in das Resin tropfen, in dessen Mitte einen zweiten Tropfen einer möglichst ähnlichen Farbe setzen; in die Mitte des gesamten Flecks 1 Tropfen Weiß setzen und noch einmal 2 farbige Tropfen.

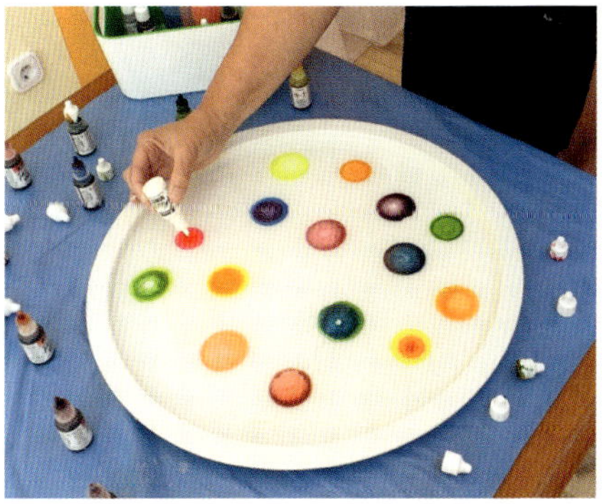

5 Das Tablett abdecken und 24 Stunden aushärten lassen, dann anschleifen.

6 Die Schritte 2–4 wiederholen. Die zweiten Flecken dabei so platzieren, dass sie die ersten teilweise überlappen.

> **Hinweis**
>
> Je mehr Zeit vergeht zwischen dem Gießen und dem Eintropfen der Farbe, desto unterschiedlicher verläuft die Tinte im Resin. Die Farbflecken werden also nicht alle gleich aussehen am Ende.

7 Das Tablett abdecken und 24 Stunden aushärten lassen.

Hausnummer

Größe

24,5 cm x 24,5 cm

Material

- Baukompaktplatte, wasserfest, 250 mm x 250 mm x 8 mm
- Schleifpapier, 80er-Körnung
- Holzgrund in Weiß
- Acryllackspray in Weiß
- MDF-Ziffer in Weiß, 11 cm x 2 cm
- 200 ml Resin für dünne Schichten
- fluoreszierendes Pigment in Orange
- Schleifpapier, 120er-Körnung
- Klebebuchstaben in Weiß, 3 cm hoch
- 2 Aufhänger

1 Die Baukompaktplatte grob anschleifen, grundieren und gut trocknen lassen.

2 Eine Schicht Acryllackspray aufbringen und trocknen lassen, dann eine zweite Schicht aufbringen und sofort die MDF-Ziffer in den Lack legen. Trocknen lassen.

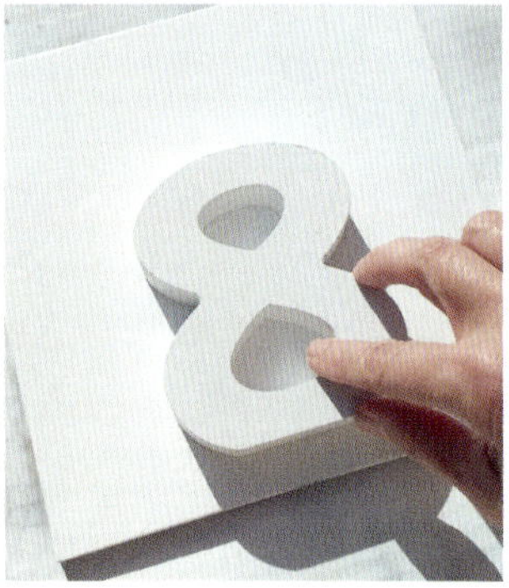

3 Die Kante mit Aluklebeband abkleben, 10 mm nach oben überstehen lassen und gut andrücken.

4 100 ml Resin nach Herstellerangaben anmischen und mit 5 g fluoreszierendem Pigment in Orange vermischen. Auf die Platte gießen, um die Ziffer herum und in die Zwischenräume.

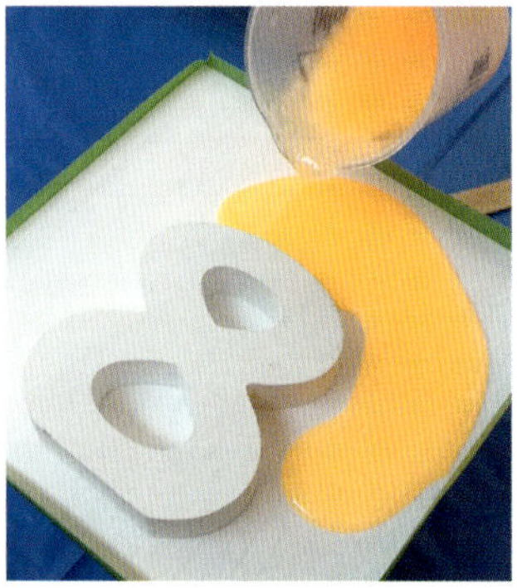

5 Mit dem Gasbrenner die Luftbläschen entfernen, die Platte abdecken und 24 Stunden aushärten lassen.

6 Das Resin anschleifen und in Klebebuchstaben den Straßennamen anbringen.

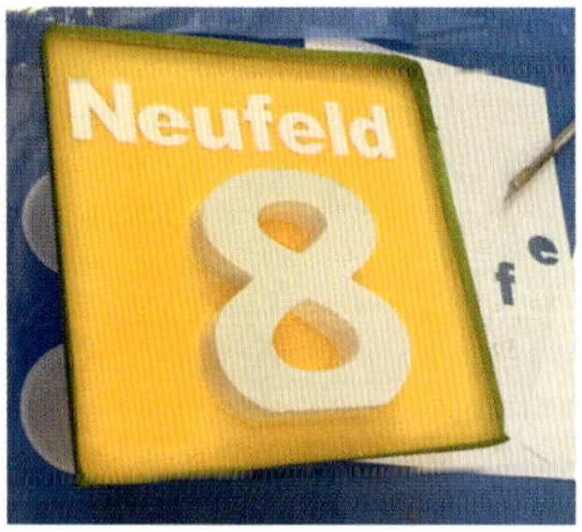

7 100 ml Resin nach Herstellerangaben anmischen und gleichmäßig auf der Platte verteilen, um die Ziffer herum und in den Innenbereichen.

8 Die Platte abdecken und 24 Stunden aushärten lassen, dann das Klebeband abziehen.

9 Überstehende Resin-Kanten abschleifen, alternativ mit der Kreissäge alle Kanten um 2 mm nachschneiden.

10 Die beiden Aufhänger an der Rückseite der Platte befestigen.

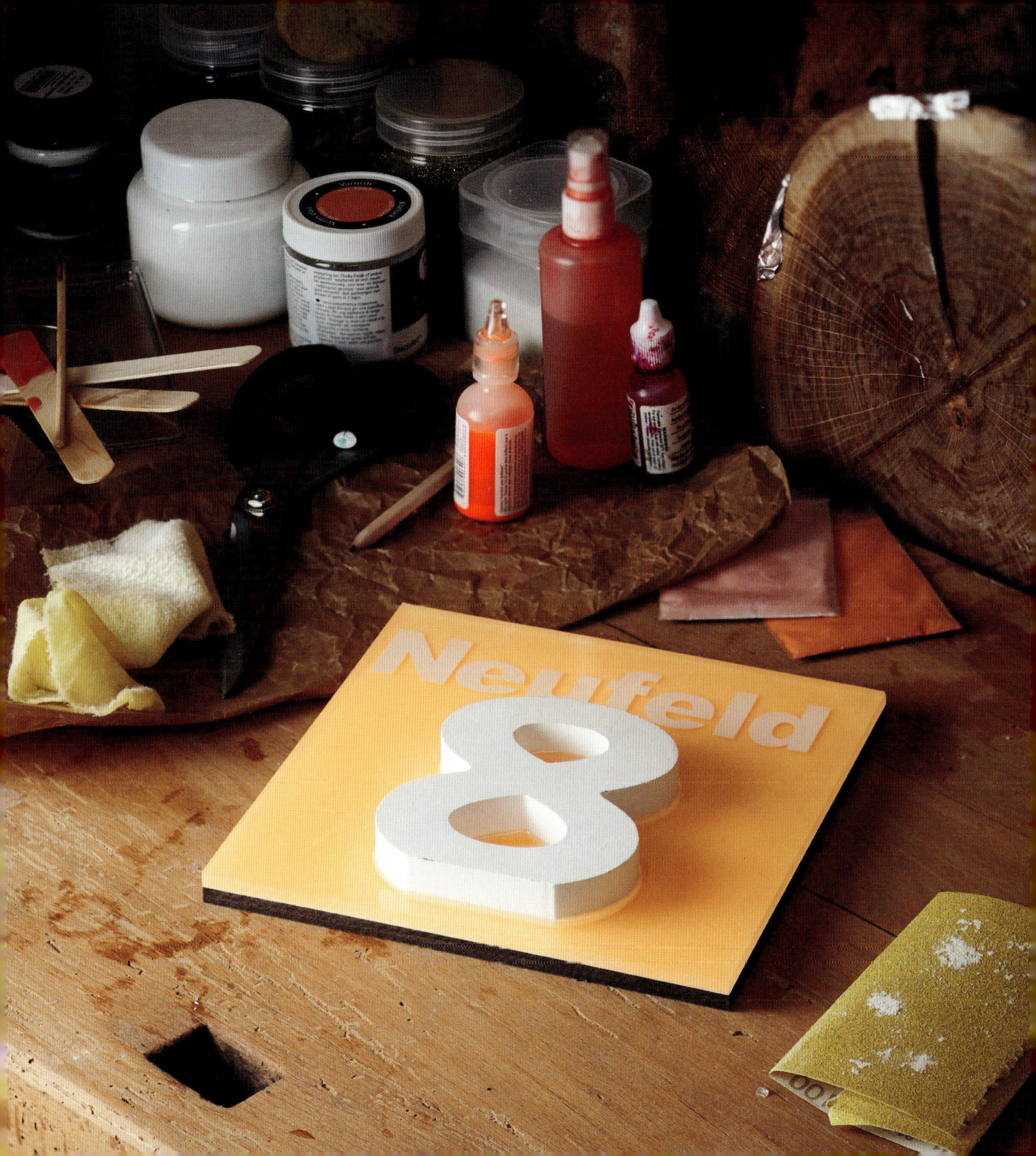
Neufeld
8

Tischläufer „Lizard"

Größe

ca. 87 cm x 23 cm x 2,7 cm

Vorlage

Seite 106

Material

- Eichenholzbohle, ca. 87 cm x 23 cm x 2,7 cm
- Zieh- oder Stemmeisen
- Exzenterschleifer mit Schleifpapier, 100er-Körnung
- Bleistift
- Nagel
- Handoberfräse, Ø 6 mm
- Holzbohrer, Ø 4 mm
- Schleifpapier, 120er-Körnung
- Wachsmalkreide in 6 Grün- und Blautönen
- Holzstäbchen
- 160 ml Resin für dünne Schichten
- Holzöl
- Tuch

1 Mit dem Stemmeisen die Waldkante der Holzbohle entfernen, Oberfläche und Kanten mit dem Exzenterschleifer glatt schleifen.

2 Die Echsen-Vorlage kopieren, die dunklen Teile ausschneiden und mit Malerkrepp auf der Holzbohle fixieren. Die Umrisse mit dem Bleistift nachzeichnen.

3 Zur Markierung der „Saugnäpfe" jeweils oberflächlich einen Nagel einschlagen und dann mit dem Holzbohrer jeweils ein 5 mm tiefes Loch bohren.

4 Mit der Handoberfräse die angezeichnete Fläche vorsichtig 5 mm tief ausfräsen. Die Kanten mit dem Schleifpapier etwas nacharbeiten, dabei jedoch darauf achten, die scharfen Kanten nicht abzuschleifen.

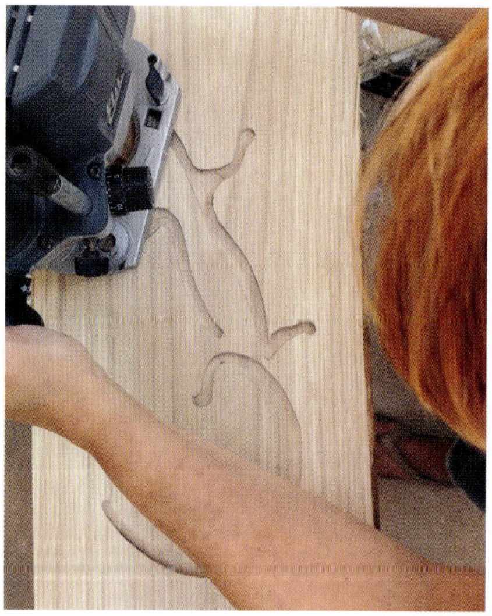

5 Die Kanten von der Unterseite mit Malerkropp abklcbcn. Dic Bohle auf stabile Becher legen und exakt waagerecht ausrichten.

6 Jede Wachsmalkreide mit einem scharfen Cuttermesser in mehrere Stücke schneiden und diese längs halbieren. Die Kreidestücke so in der ausgefrästen Fläche verteilen, dass ein Farbverlauf entsteht.

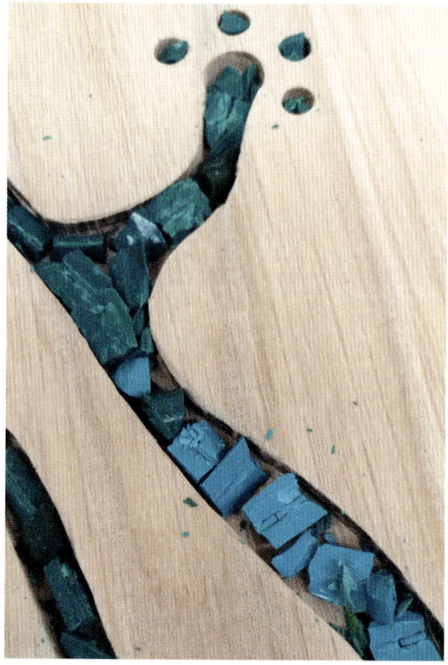

Tipp

Die Kreidestücke nicht zu dicht legen, damit die Kreide beim Schmelzen nicht überläuft.

Weiter auf Seite 86.

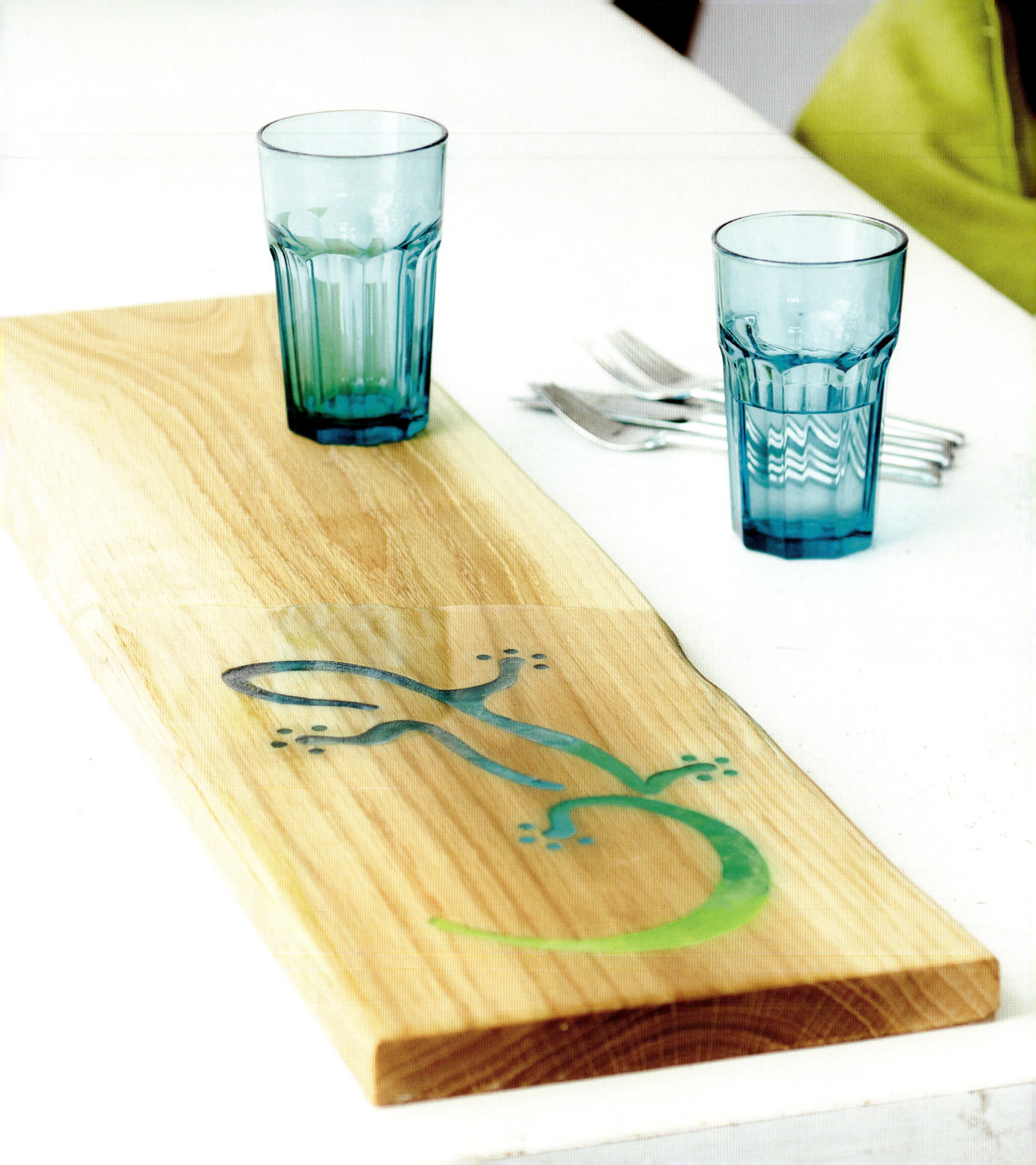

7 Den Heißluftföhn vertikal über die Wachsmalkreiden halten, damit diese langsam schmelzen. In den kleinen Löchern für die Saugnäpfe die Stückchen eventuell mit dem Holzstäbchen festhalten, bis sie weich sind. Die geschmolzene Kreide abkühlen lassen und Kreidespuren auf dem Holz abschleifen.

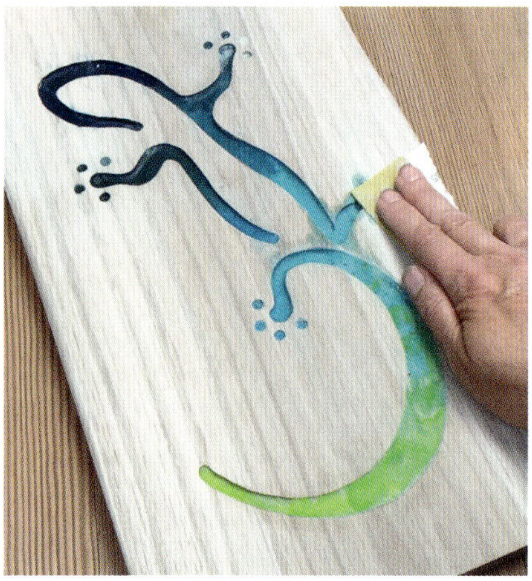

Tipp

Bitte achten Sie darauf, dass sich die einzelnen Stücke gut miteinander verbinden und dass sich beim Schmelzen keine Luftblasen bilden.

8 130 ml Resin nach Herstellerangaben anmischen und gleichmäßig über der Echse verteilen, bis über die Kanten hinaus, dort mit dem Spatel verstreichen. Mit einer unregelmäßig geformten Kante oberhalb der Echse abschließen.

9 Mit dem Gasbrenner die Luftbläschen entfernen. Größere Luftblasen, die aus der Kreide aufsteigen, mit dem Holzstäbchen aufstechen. Die Echse abdecken und 24 Stunden aushärten lassen, dann das Klebeband abziehen.

10 Die restliche Oberfläche der Holzbohle mit Holzöl behandeln.

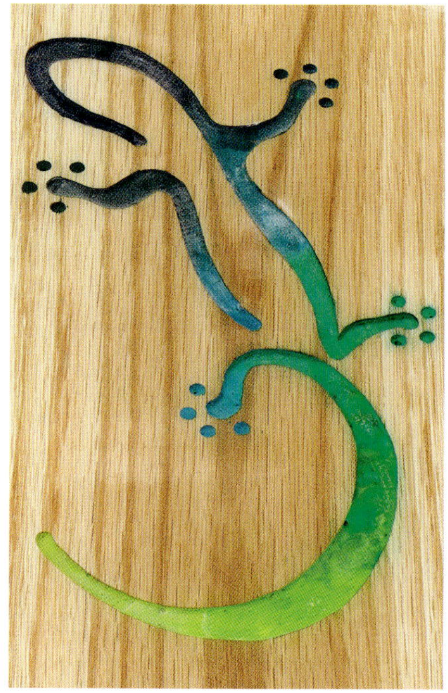

Wandbild „Felslandschaft"

Größe

28 cm x 24,2 cm x 8 cm

Material

- Holzrahmen in Hexagon-Form, 28 cm x 24,2 cm x 8 cm
- 100 g Modelliermasse, lufttrocknend, in Weiß
- Acrylfarbe in Weiß, Ocker, Burnt Umber, Siena, Schwarz
- Pinsel
- Sandstruktur
- Bastelkleber
- Islandmoos
- 200 ml Resin für dünne Schichten
- Tinte („acrylic ink") in Türkis, Dunkelblau, Weiß
- Schleifpapier, 120er-Körnung

1 Hände anfeuchten und aus der Modelliermasse eine Felsformation formen. An der gewünschten Position im Holzrahmen platzieren und glatt streichen; man kann auch mit dem Spatel Strukturen einbringen. Nach Herstellerangaben vollständig aushärten lassen.

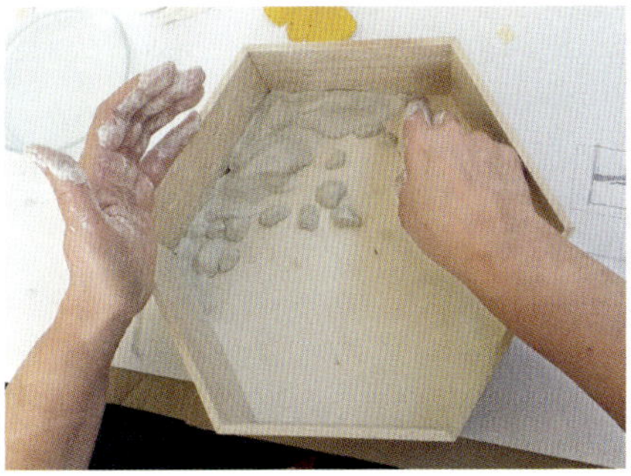

Tipp

Sollten sich „Steine" lösen, können diese mit Bastelkleber wieder angeklebt werden.

2 Spuren der Modelliermasse mit Schleifpapier entfernen. Die weiße und ockerfarbene Acrylfarbe zu einem Sandton mischen und etwas Sandstruktur zufügen. Den Boden des Rahmens bemalen, mit dem Pinsel die Sandstruktur formen.

3 Die Acrylfarbe in Burnt Umber mit etwas Sandstruktur vermischen und die Felsen bemalen. Beim Trocknen entstandene Risse in der Masse mit Farbe überdecken. In die frische Farbe mit Schwarz, Siena und dem Sandton Schattierungen einbringen; den Übergang zwischen Sand und Fels mit ganz wenig dunkler Farbe trocken stupfen.

4 Kleine Büschel Islandmoos mit Bastelkleber auf den Felsen anbringen. Alles 1–2 Stunden durchtrocknen lassen.

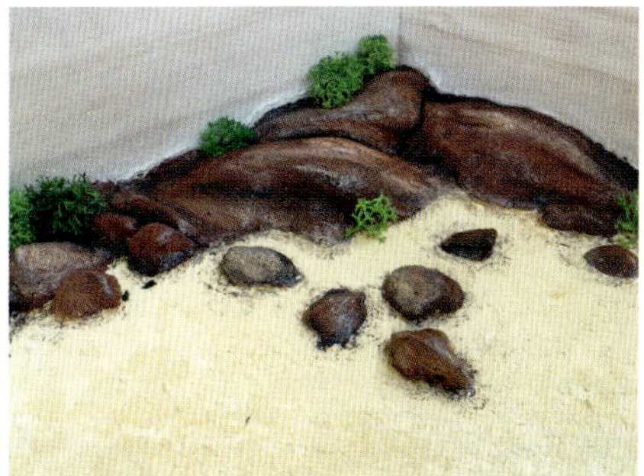

5 100 ml Resin nach Herstellerangaben anmischen und auf vier Becher verteilen: 1x 5 ml, 2x 30 ml, 1x 35 ml.

6 Die 5 ml mit 5 Tropfen Tinte in Weiß vermischen, eine Portion à 30 ml mit 5 Tropfen Tinte in Türkis, die 35 ml mit 5 Tropfen Tinte in Dunkelblau. Die zweite Portion à 3 ml bleibt klar.

Weiter auf Seite 88.

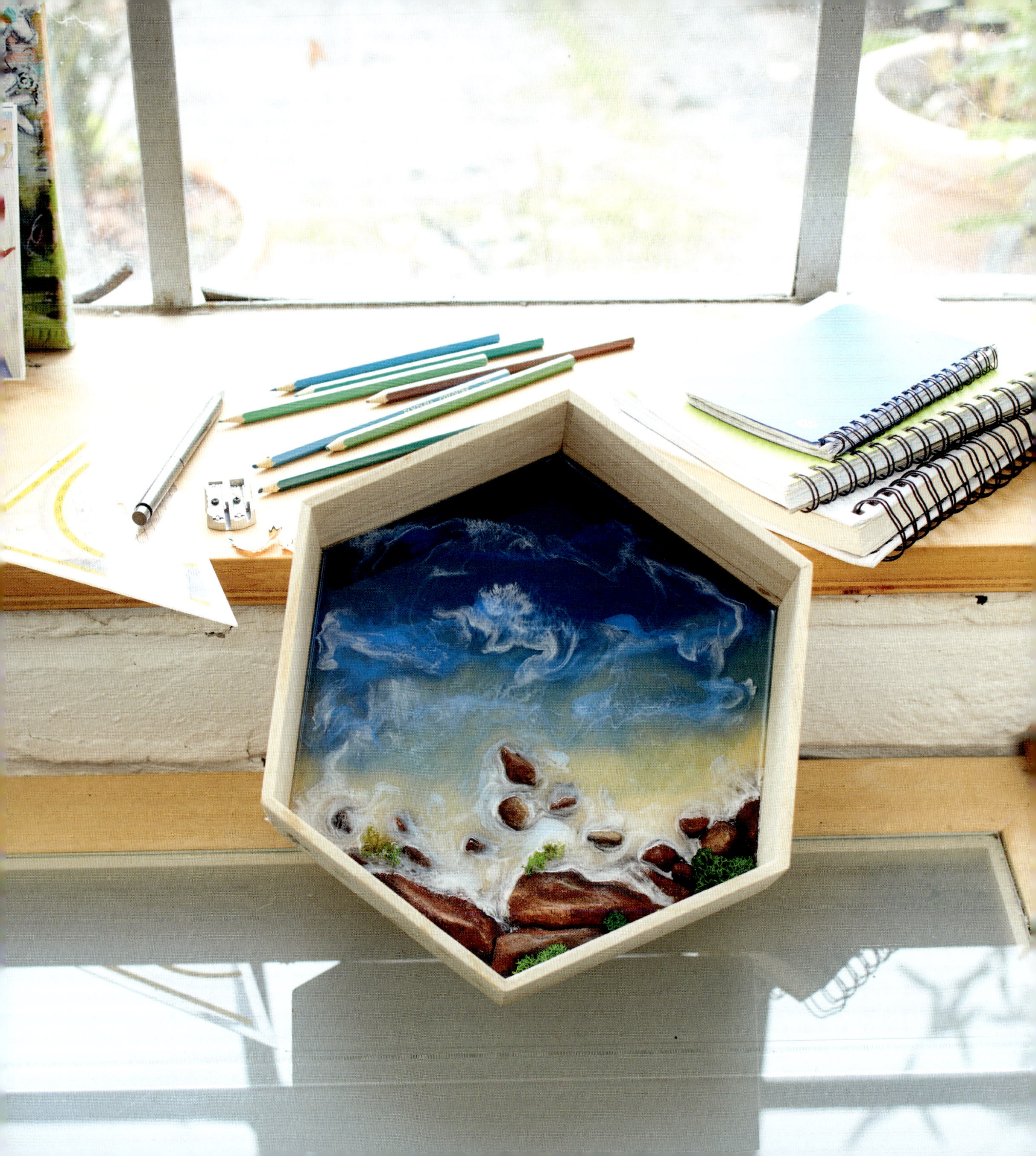

7 Je einen breiten Streifen des farbigen Resin in den Rahmen gießen, oben dunkel, zu den Felsen hin heller; mit dem klaren Resin die Felsen umschließen.

8 Mit dem Gasbrenner die Luftbläschen entfernen.

9 Rund um die Felsen sowie an den Übergängen zwischen den Farben mit einem Holzstäbchen und dem weißen Resin feine Linien aufbringen. Diese können Sie mit dem Heißluftföhn wellenförmig strukturieren.

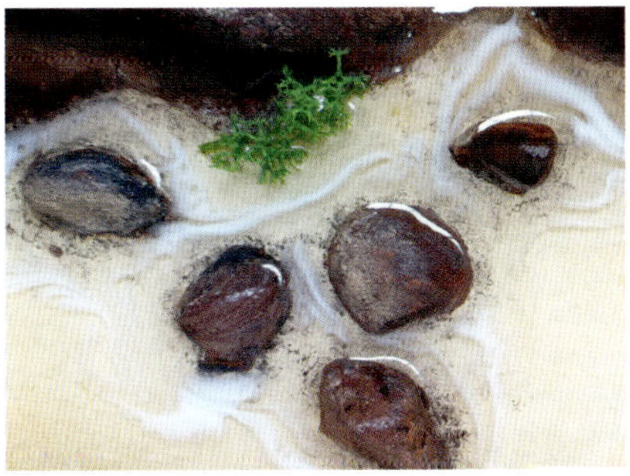

10 Den Rahmen abdecken und 5–6 Stunden aushärten lassen.

> **Hinweis**
> Man kann das Resin auch 24 Stunden aushärten lassen, dann muss vor den nächsten Schritten die Oberfläche angeschliffen werden.

11 Für die zweite Schicht 100 ml Resin anmischen und auf drei Becher verteilen: 1x 5 ml, 1x 45 ml, 1x 50 ml.

12 Die 5 ml mit 5 Tropfen Tinte in Weiß vermischen, die 50 ml mit 7 Tropfen Tinte in Türkis. Die 45 ml bleiben klar.

13 Schritt 8 wiederholen, dabei auf den Felsen kleine Resin-Pfützen entstehen lassen.

14 Die Schritte 9 und 10 wiederholen, dabei auch auf den Felsen Gischt erzeugen.

15 Den Rahmen abdecken und 24 Stunden aushärten lassen.

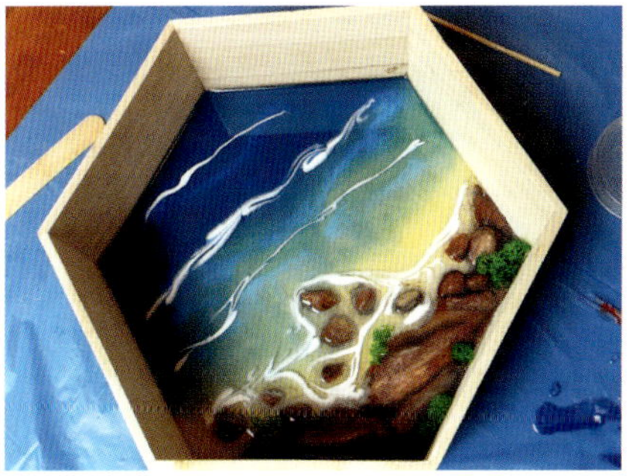

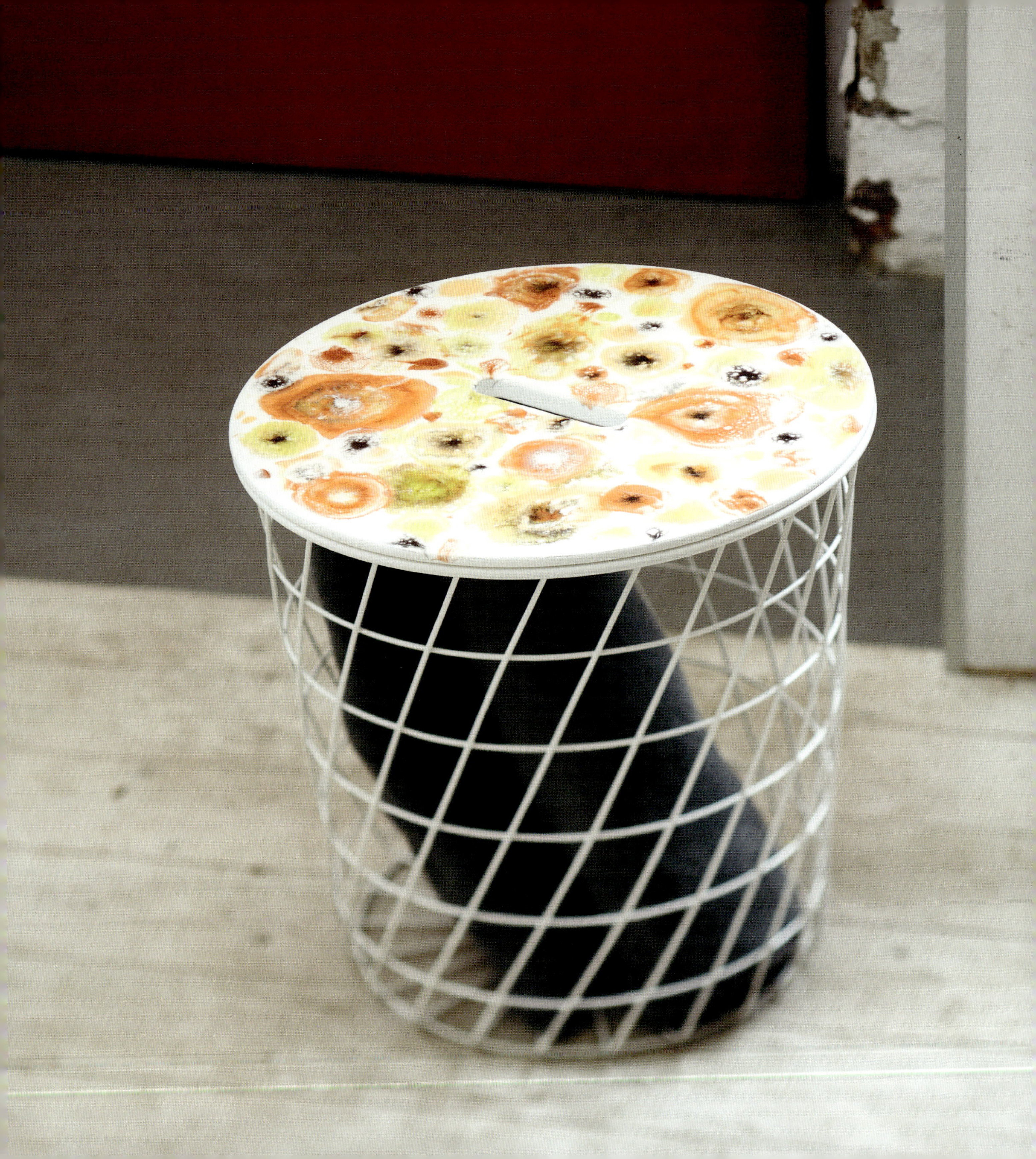

Aufbewahrungstisch

Größe

Ø 44 cm

Material

- Gitterkorb mit Holzplatte in Weiß, Ø 44 cm
- 250 ml Resin für dünne Schichten
- Acrylfarbe in Weiß
- Tinte („acrylic ink") in Schwarz
- Metallic-Pigment in Bronze, Orange, Gelb
- Ethanol
- Luftballon, Ø 15–20 cm

1 Die Holzplatte abnehmen und ihre Kanten sowie die Kanten im Griffloch mit Aluklebeband abkleben. Auf Becher legen und exakt waagerecht ausrichten.

2 Das Resin nach Herstellerangaben anmischen, in fünf Becher verteilen: 1x 180 ml, 1x 10 ml, 3x 20 ml.

3 Die 180 ml mit 2 TL Acrylfarbe in Weiß vermischen, die 10 ml mit 1 Tropfen Tinte in Schwarz + 2 Tropfen Ethanol; eine Portion à 20 ml mit 1 Spatelspitze Metallic-Pigment in Bronze + 2 Tropfen Ethanol, die zweite mit 1 Spatelspitze Metallic-Pigment in Orange + 2 Tropfen Ethanol, die dritte mit 1 Spatelspitze Metallic-Pigment in Gelb + 2 Tropfen Ethanol.

4 Das weiße Resin gleichmäßig auf der Platte verteilen. Einen Fleck gelbes Resin in das Weiß setzen, in dessen Mitte etwas Resin in Bronze und in dessen Mitte wiederum etwas Resin in Schwarz.

5 Den Luftballon aufblasen und vertikal von oben in den Farbfleck drücken; dann vertikal wieder nach oben führen und abtropfendes Resin mit einem Tuch auffangen: So entsteht ein blumenartiges Muster, das Sie mit dem Heißluftföhn noch weiter ausgestalten können.

6 Schritt 6 mit anderen Farbkombinationen wiederholen, bis die Oberfläche mit Farbflecken übersät ist.

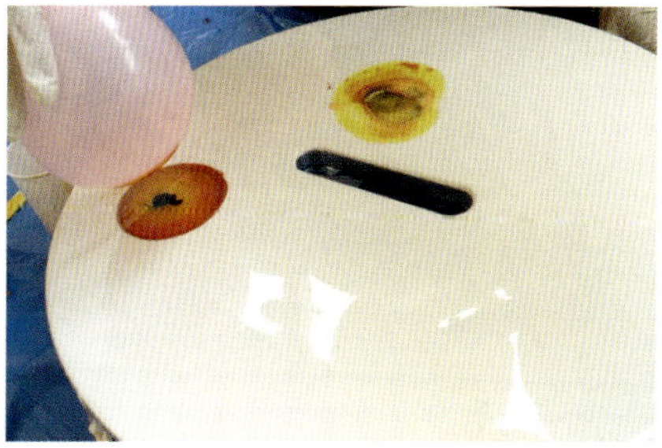

Tipp

Vereinzelte Farbflecke ohne die Behandlung mit dem Luftballon dazwischen setzen Akzente.

7 Mit dem Gasbrenner die Luftbläschen entfernen, die Platte abdecken und 8–10 Stunden aushärten lassen, dann das Klebeband abziehen. Insgesamt 24 Stunden aushärten lassen.

Kommode

Größe

je nach Kommode

Material

- Holzkommode mit 6 Schubladen, 93 cm x 84 cm x 39 cm
- Schraubenzieher
- 850 ml Resin für dünne Schichten
- Tinte („acrylic ink") in Weiß, Gelb, Blau
- Tinte („alcohol ink") in Magenta, Orange
- Resi-Blast
- Holzbohrer, Ø 4 mm

1 Die Schubladenabdeckungen der Kommode abbauen, auf der Rückseite die Reihenfolge der Schubladen vermerken. Die Griffe entfernen, die Oberfläche ggf. anschleifen.

2 Die Grifflöcher von hinten und alle Kanten oben bündig abkleben.

3 Die Abdeckungen wie an der Kommode anordnen und dicht an dicht auf Becher legen, exakt waagerecht ausrichten.

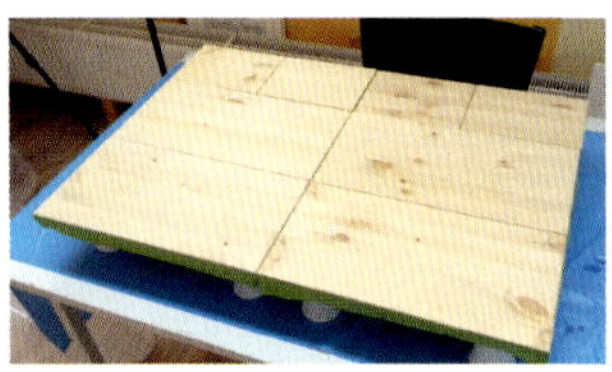

4 850 ml Resin nach Herstellerangaben anmischen und auf fünf Becher verteilen: 1x 450 ml, 3x 110 ml, 1x 80 ml.

5 Die 450 ml mit 50 Tropfen Tinte in Weiß vermischen, eine Portion à 110 ml mit 20 Tropfen Tinte in Magenta + 1 Tropfen Resi-Blast, die zweite Portion mit 20 Tropfen Tinte in Orange + 1 Tropfen Resi-Blast, die dritte Portion mit 20 Tropfen Tinte in Gelb + 1 Tropfen Resi-Blast. Die 80 ml mit 5 Tropfen Tinte in Blau + 1 Tropfen Resi-Blast vermischen.

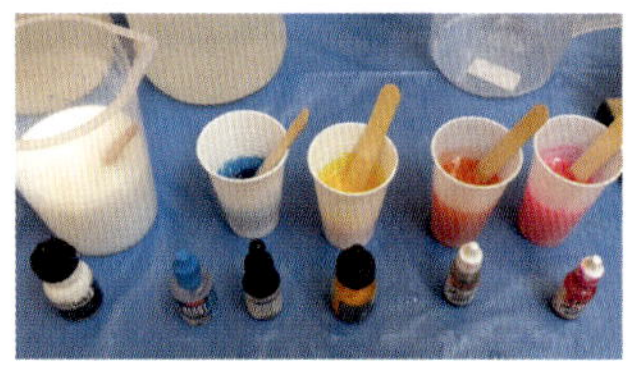

6 Verteilen Sie die verschiedenen Farben in unregelmäßigen Streifen leicht diagonal über der Fläche aus Abdeckungen.

7 Mit dem Gasbrenner die Luftbläschen entfernen, mit dem Heißluftföhn die Streifen strukturieren und die durch das Resi-Blast entstehenden Zellen verstärken.

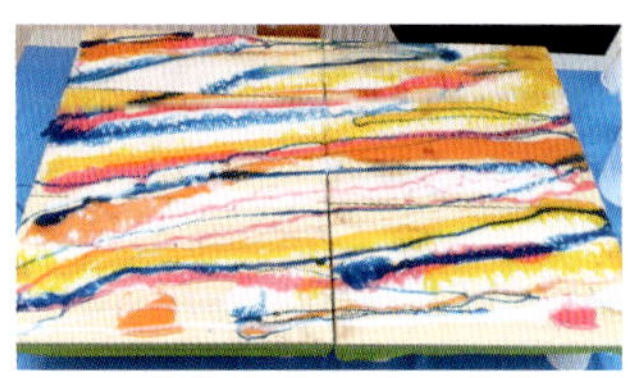

8 Die Abdeckungen vorsichtig auseinanderziehen, damit sie sich nicht mehr gegenseitig berühren. Abdecken und 24 Stunden aushärten lassen.

9 Das Klebeband abziehen und Tropfnasen mit dem Cuttermesser abschneiden. Weitere 72 Stunden aushärten lassen.

10 Für die Griffe das Resin an den Grifflöchern durchbohren. Die Abdeckungen und die Griffe montieren.

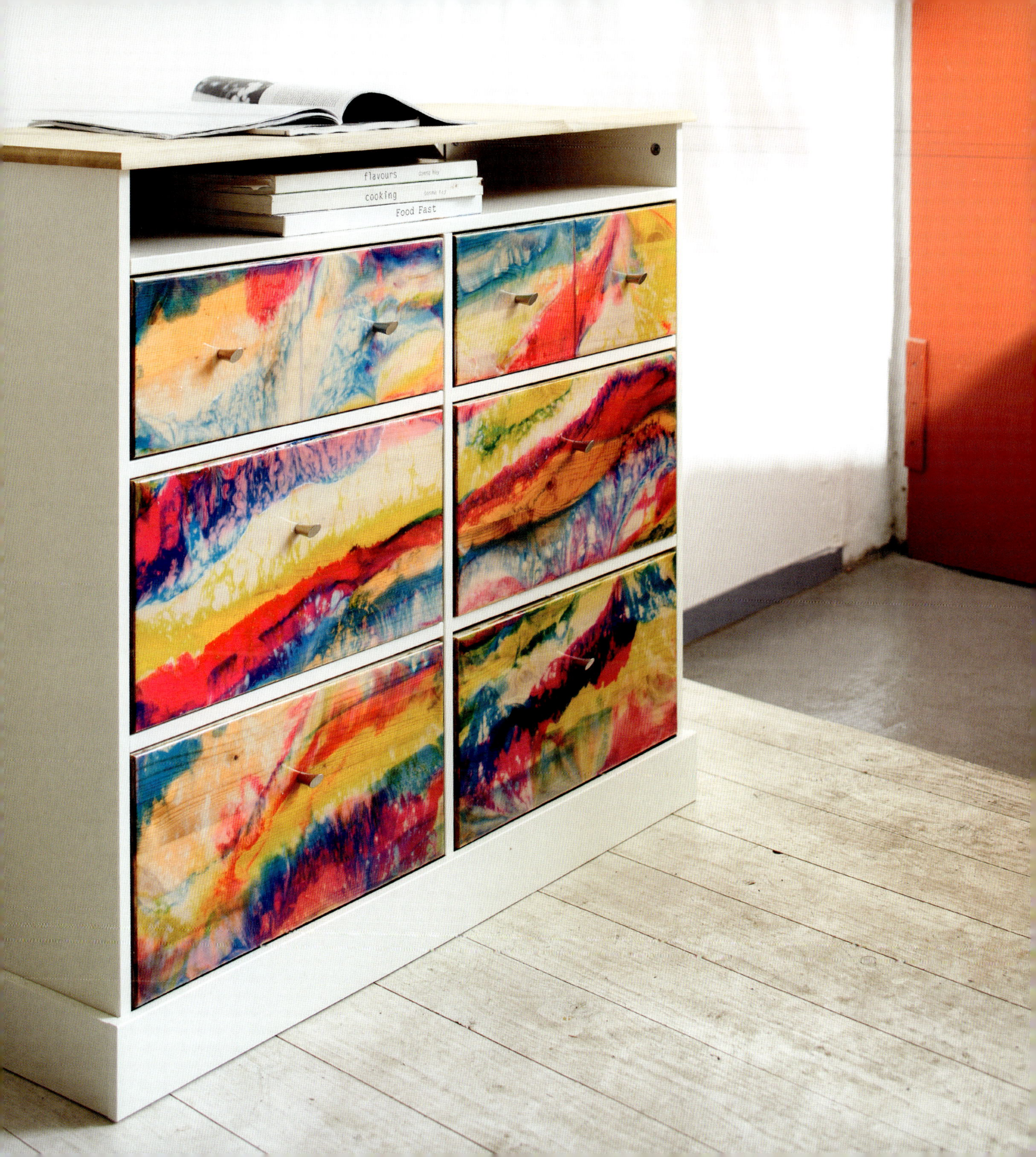
flavours
cooking
Food Fast

Wandbild „World"

Größe

42 cm x 29,7 cm x 0,4 cm

Material

- Holz-Weltkarte, 42 cm x 29,7 cm x 0,4 cm
- Kreidefarbe in Braun, Anthrazit
- Schwamm
- Holzplatte, 16 cm x 26 cm
- Acrylglasscheibe für Hintergrundbeleuchtung, 20 cm x 30 cm x 0,3 cm
- 220 ml Resin für dünne Schichten
- Metallic-Pigment in Blau
- Schleifpapier, 120er-Körnung
- 3-D-Holzbilderrahmen in Weiß für Bildgröße 20 cm x 30 cm
- Micro-LED-Lichterkette mit 20 Lichtern, batteriebetrieben

1 Die Einzelelemente der Weltkarte an den vorgestanzten Linien aus der Holzplatte herauslösen. Die Überreste der Karte für später aufbewahren.

2 Mit dem Schwamm zunächst Kreidefarbe in Dunkelbraun auftragen, dann in die frische Farbe vorsichtig und unregelmäßig leicht verdünnte Kreidefarbe in Anthrazit einbringen.

3 Die Holzplatte auf Becher legen und exakt waagerecht ausrichten.

4 Die Schutzfolie von der Vorderseite der Acrylglasscheibe abziehen. Die Kanten abkleben, das Klebeband ca. 10 mm nach oben überstehen lassen. Auf die Holzplatte legen.

5 100 ml Resin nach Herstellerangaben anmischen, mit 1 Spatelspitze Pigment in Blau vermischen und gleichmäßig auf der Scheibe verteilen.

6 Mit dem Gasbrenner die Luftbläschen entfernen, die Scheibe abdecken und 24 Stunden aushärten lassen.

7 Die Oberfläche anschleifen.

8 10 ml Resin nach Herstellerangaben anmischen und mit einem Pinsel die Weltkartenteile mitsamt der Kanten dünn damit überziehen.

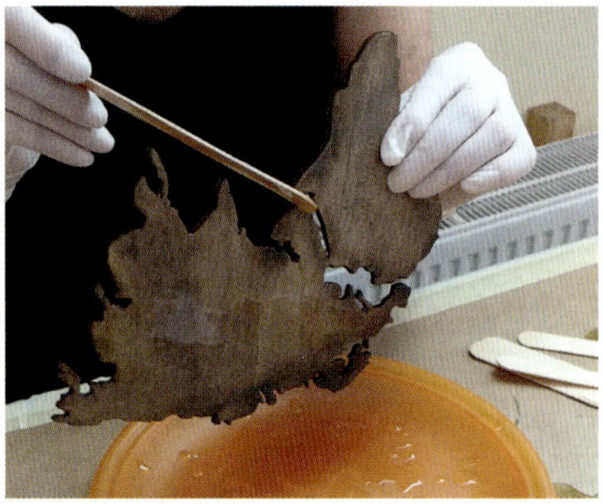

9 Die Weltkartenteile auf der Acrylglasscheibe platzieren, als Orientierungshilfe den Rest der Holzkarte unter dem Acrylglas platzieren. 12 Stunden trocknen lassen.

Weiter auf Seite 96.

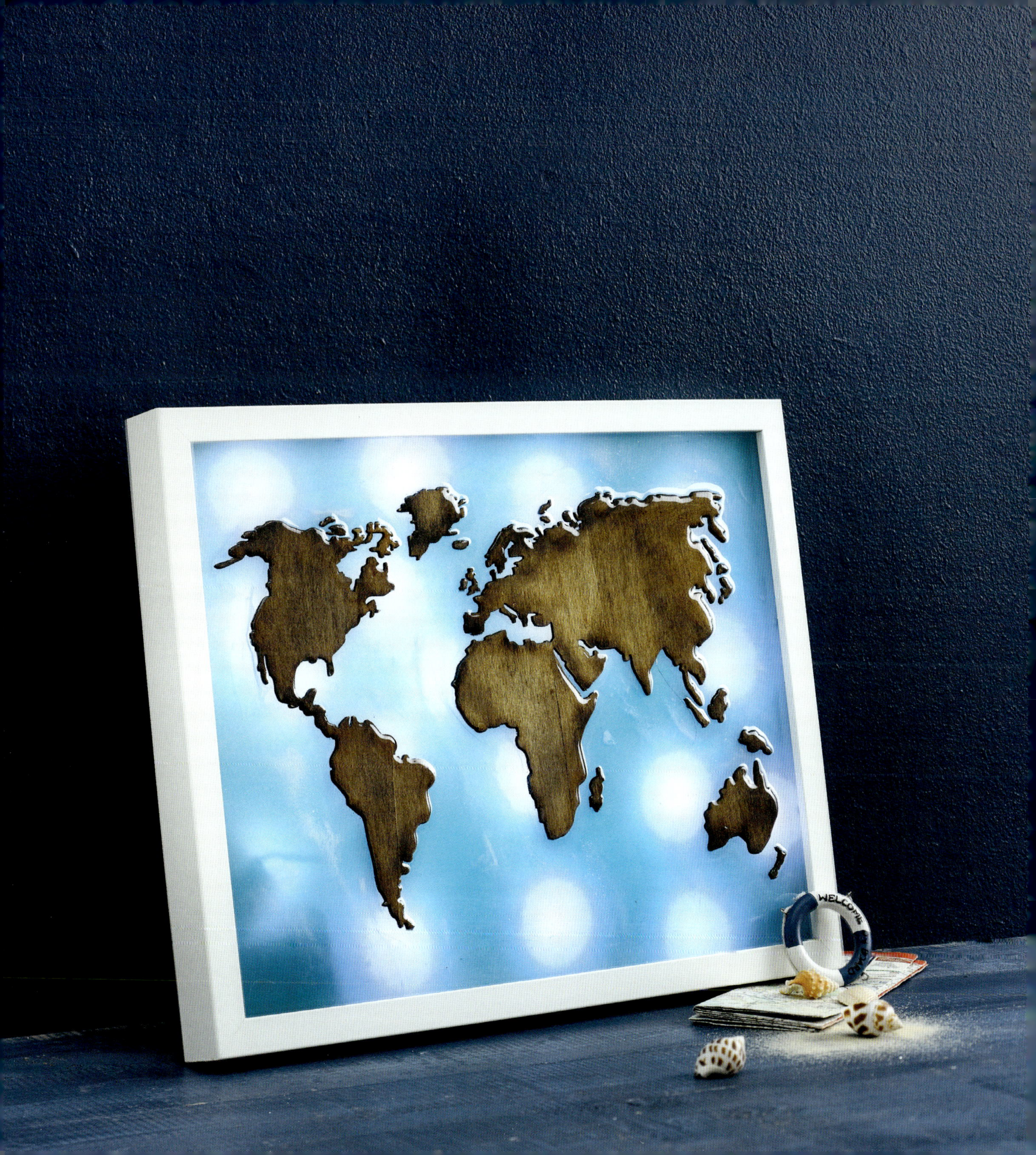
WELCOME

10 110 ml Resin nach Herstellerangaben anmischen und auf 2 Becher verteilen: 1x 10 ml, 1x 100 ml.

11 Die 10 ml mit 5 Tropfen Tinte in Weiß einfärben, die 100 ml bleiben klar.

12 Verteilen Sie das klare Resin gleichmäßig auf der Glasscheibe.

13 Mit dem Gasbrenner die Luftbläschen entfernen.

14 Rund um die Holzteile mit einem Holzstäbchen und dem weißen Resin feine Linien aufbringen, diese mit dem Heißluftföhn strukturieren.

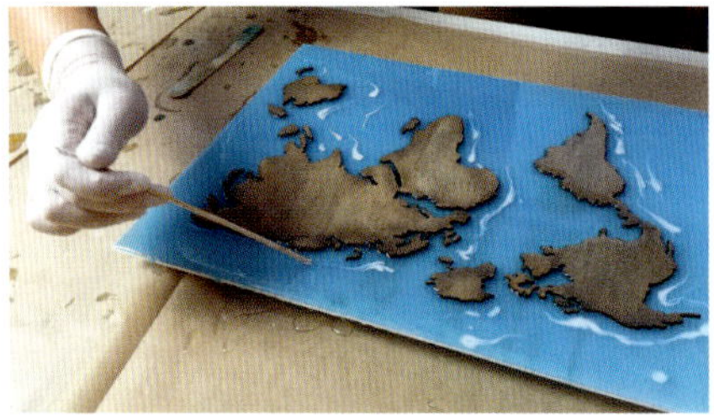

15 Die Scheibe abdecken und 24 Stunden aushärten lassen.

16 Das Klebeband und die Schutzfolie auf der Rückseite der Scheibe abziehen.

17 Die Rückwand des Bilderrahmens demontieren und eine Ecke absägen, damit der Schalter der Lichterkette erreichbar bleibt. Die Lichterkette und das Batteriefach mit Klebeband auf der Rückwand befestigen.

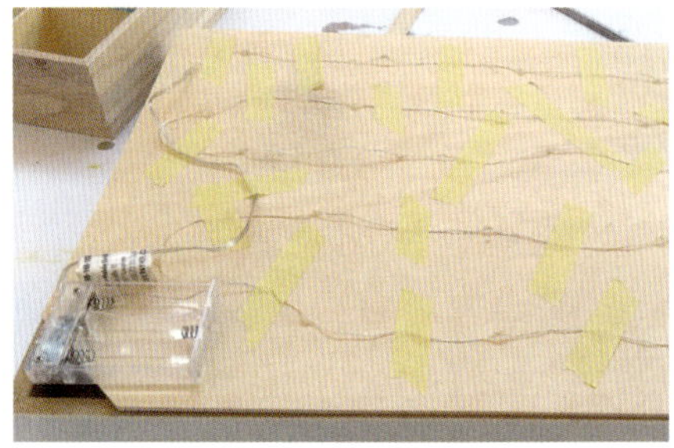

18 Die Acrylglasscheibe in den Bilderrahmen ohne Glasabdeckung einlegen. Die Abstandhalter und die Rückwand anbringen.

Tischplatte „Flames"

Größe
je nach Tischplatte

Vorlage (optional)
in der Digitalen Bibliothek zum Download

Material
- Fichten-Massivholztischplatte aus Leimholz, 70 cm x 120 cm
- Exzenterschleifer mit Schleifvlies, 80er-Körnung
- Kreissäge
- Bleistift
- Handoberfräse mit 2 Fräsköpfen, Ø 6 mm, Ø 12 mm
- Schleifpapier, 120er-Körnung
- 400 ml Resin für dünne Schichten
- Tinte („acrylic ink") in Rot, Gelborange
- Holzöl
- Tuch
- 2 Metalltischfüße in Grau, 60 cm x 72 cm x 8 cm

1 Die Oberfläche der Tischplatte mit dem Exzenterschleifer komplett abschleifen. Die Kanten können Sie mit der Kreissäge gerade abschneiden.

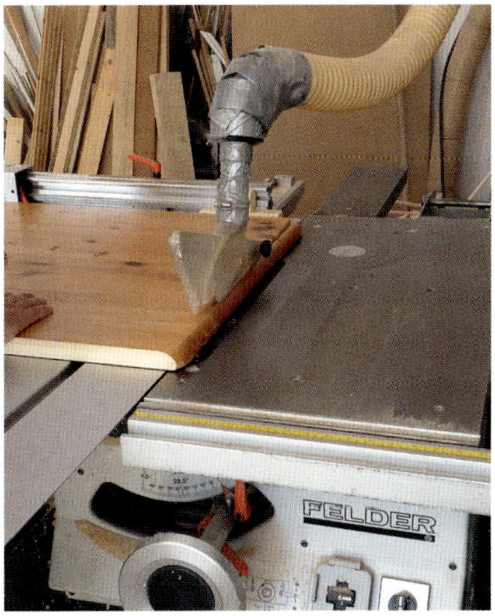

2 Mittig von den kurzen Seiten der Holzplatte aus jeweils das Dreieck von der (nach der Skizze rechts oben selbst erstellten oder heruntergeladenen) Vorlage anzeichnen: Dafür die Vorlage auf der Rückseite mit einem Bleistift schraffieren; die schraffierte Seite nach unten auf das Holz legen und mit einem harten Bleistift die Konturen auf der Vorderseite nachfahren: Der Druck überträgt die Konturen auf den Untergrund.

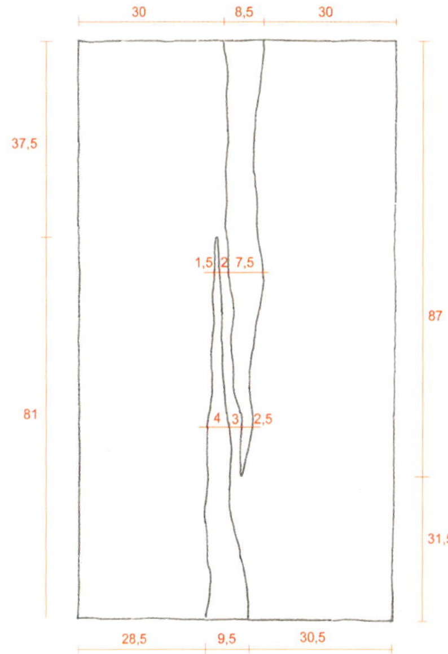

3 Mit der Handoberfräse die Dreiecksflächen 7 mm tief ausfräsen, am besten in zwei Durchgängen. Für die Außenkanten den dünneren Fräskopf verwenden, für den Rest den breiteren.

4 80 ml Resin nach Herstellerangaben anmischen und mit einem Pinsel Boden und Kanten der ausgefrästen Fläche dünn einstreichen.

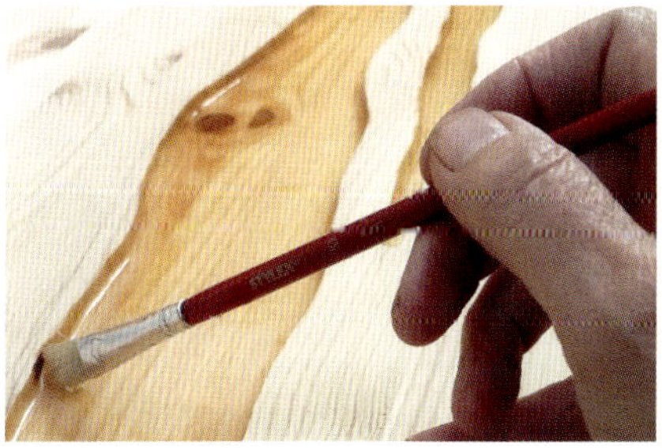

Weiter auf Seite 98.

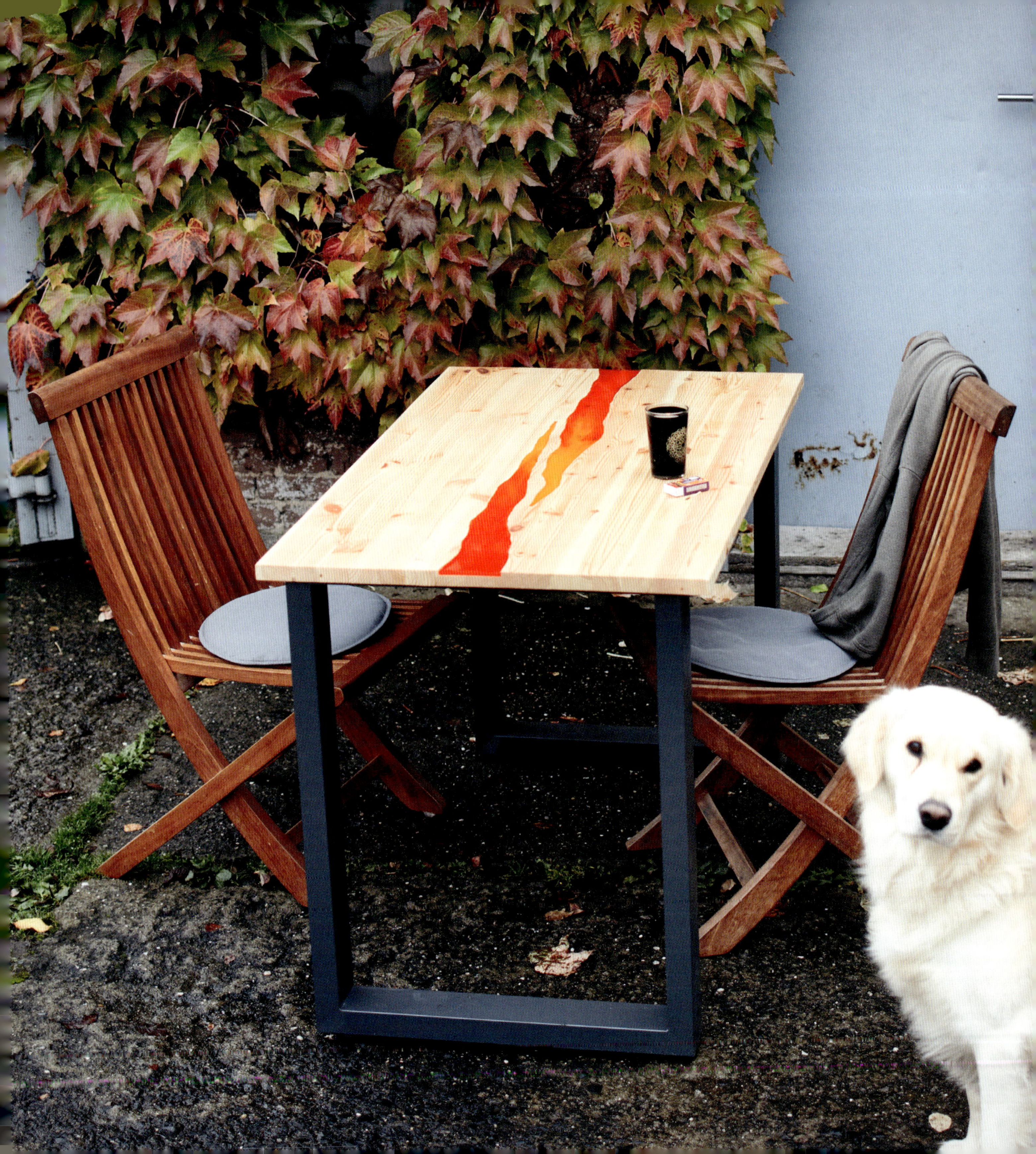

5 Mit dem Gasbrenner die Luftbläschen entfernen, die Platte abdecken und 24 Stunden aushärten lassen.

6 Die Resin-Flächen anschleifen, die Tischkante im Bereich der Ausfräsung sorgfältig mit Aluklebeband abkleben.

7 160 ml Resin nach Herstellerangaben anmischen und in zwei Becher aufteilen: 1x 90 ml, 1x 70 ml.

8 Die 90 ml mit 15 Tropfen Tinte in Rot + 5 Tropfen Tinte in Gelborange mischen, die 70 ml mit 20 Tropfen Tinte in Gelborange.

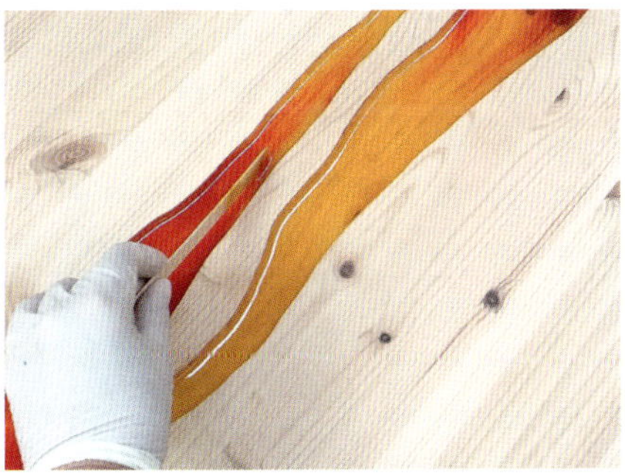

9 Die Farben so in die Ausfräsungen gießen, dass ein Farbverlauf entsteht: von Rot an der Plattenkante hin zu Gelborange in der Spitze. Die Farben mit einem Spatel etwas ineinander ziehen.

10 Mit dem Gasbrenner die Luftbläschen entfernen, die Platte abdecken und 24 Stunden aushärten lassen. Dann die Oberfläche anschleifen.

11 160 ml Resin nach Herstellerangaben anmischen, in drei Becher aufteilen: 1x 100 ml, 1x 40 ml, 1x 20 ml.

12 Die 100 ml mit 25 Tropfen Tinte in Gelborange vermischen, die 40 ml mit 6 Tropfen Tinte in Rot + 8 Tropfen Tinte in Gelborange, die 20 ml mit 4 Tropfen Tinte in Rot.

13 Schritt 9 wiederholen.

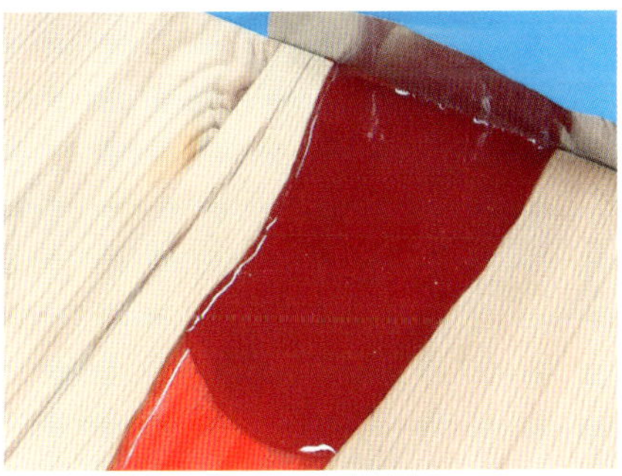

Hinweis

Bei diesem Schritt darauf achten, dass das Resin innerhalb der Ausfräsung bleibt, es soll nicht über den Rand hinausfließen.

14 Mit dem Gasbrenner die Luftbläschen entfernen, die Platte abdecken und 24 Stunden aushärten lassen.

15 Das Klebeband abziehen und die Längskanten der Tischplatte mit der Kreissäge etwas nachschneiden und abrunden. Die Oberfläche einlassen.

16 Die Metallfüße an die Tischplatte anschrauben.

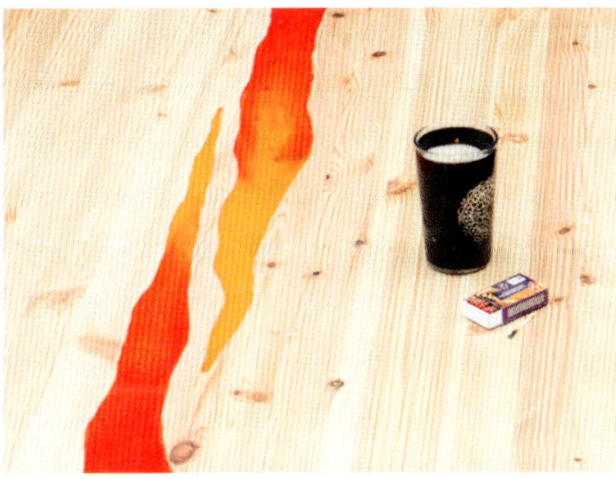

Couchtisch „Lakeside"

Größe

84 cm x 61 cm x 45 cm

Vorlage (optional)

in der Digitalen Bibliothek zum Download

Material

- 8 Platten Pappelsperrholz, 65 cm x 85 cm x 0,6 mm
- Bleistift
- Holzbohrer, Ø 15 mm
- Stichsäge mit Metallsägeblatt
- Papier
- Schleifpapier, 100er-Körnung
- Holzleim
- 6 Schraubzwingen
- 12 Holzleisten, ca. 8 cm x 15 cm
- Holzspachtelmasse
- Holzgrund in Weiß
- Pinsel
- Holzlack in Weiß
- 5,6 kg Resin für Schichtdicken bis 5 cm
- Tinte („acrylic ink") in Blau
- Schleifpapier, 150er-Körnung
- 1600 ml Resin für dünne Schichten
- 2 Metalltischfüße in Weiß, 60 cm x 40 cm x 8 cm

1 Mit der obersten Sperrholzschicht beginnen und den äußersten Umriss des Sees von der (nach der Skizze unten selbst erstellten oder heruntergeladenen) Vorlage anzeichnen: Dafür die Vorlage auf der Rückseite mit einem Bleistift schraffieren; die schraffierte Seite nach unten auf das Holz legen und mit einem harten Bleistift die Konturen auf der Vorderseite nachfahren: Der Druck überträgt die Konturen auf den Untergrund.

2 Für das Sägeblatt ein Loch in die Kontur bohren und den Umriss mit der Stichsäge aussägen.

> **Tipp**
>
> Mit einem Metallsägeblatt geht das am besten, da das Holz damit nur wenig ausreißt und sich eine schöne Kante ergibt, die nur wenig nachgeschliffen werden muss.

3 Die oberste Holzschicht mit dem ausgesägten äußersten Seeumriss auf die nächste Platte legen und leicht nach innen versetzt von der (eigenen oder heruntergeladenen) Vorlage die zweite Umrisslinie des Sees übertragen. Schritt 2 wiederholen.

4 Mit allen weiteren 6 Sperrholzplatten so verfahren.

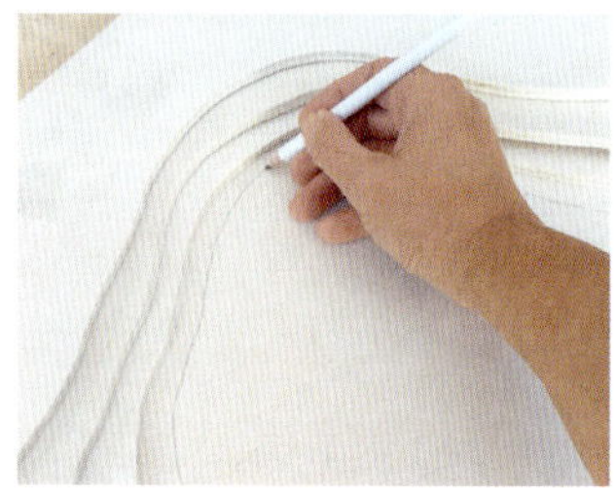

> **Tipp**
>
> Die Platten noch vor dem Sägen auf der Rückseite jeweils immer an der gleichen Stelle durchnummerieren, das erspart später viel Arbeit.

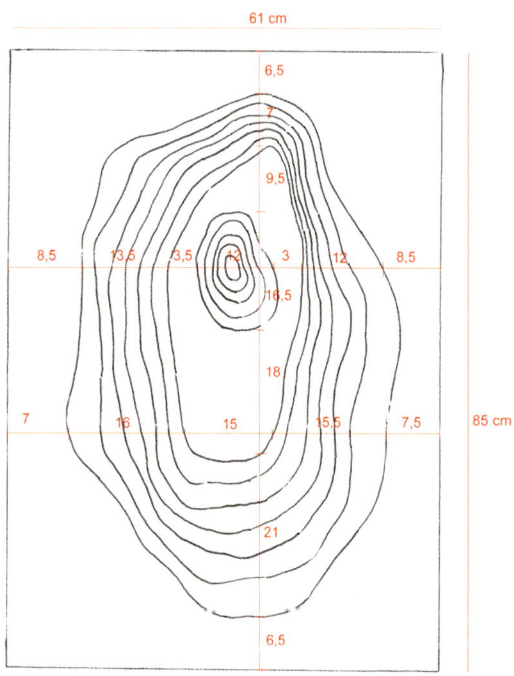

5 Das Erstellen der Insel beginnt mit dem Rest der untersten Holzplatte, die zuletzt bearbeitet wurde: die Vorlage auf den Plattenrest auflegen, die äußersten Konturen der Insel übertragen und diese mit der Stichsäge ausschneiden.

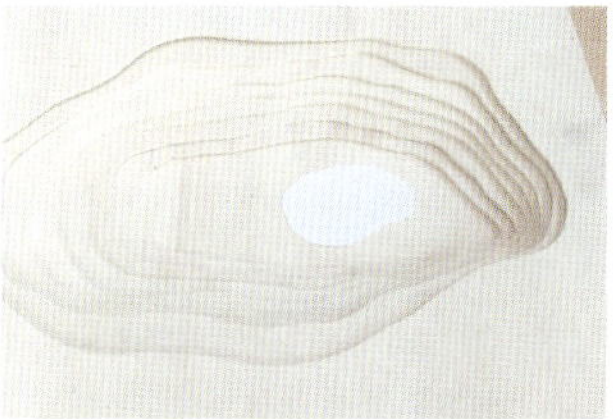

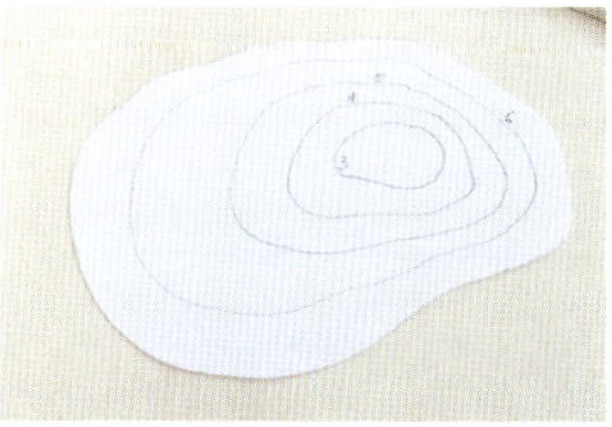

6 Mithilfe der Vorlage die vier weiteren Schichten der Insel auf die anderen Plattenreste übertragen und aussägen.

> Tipp
>
> Für die obersten Schichten der Insel eventuell eine Laubsäge verwenden.

Weiter auf Seite 102.

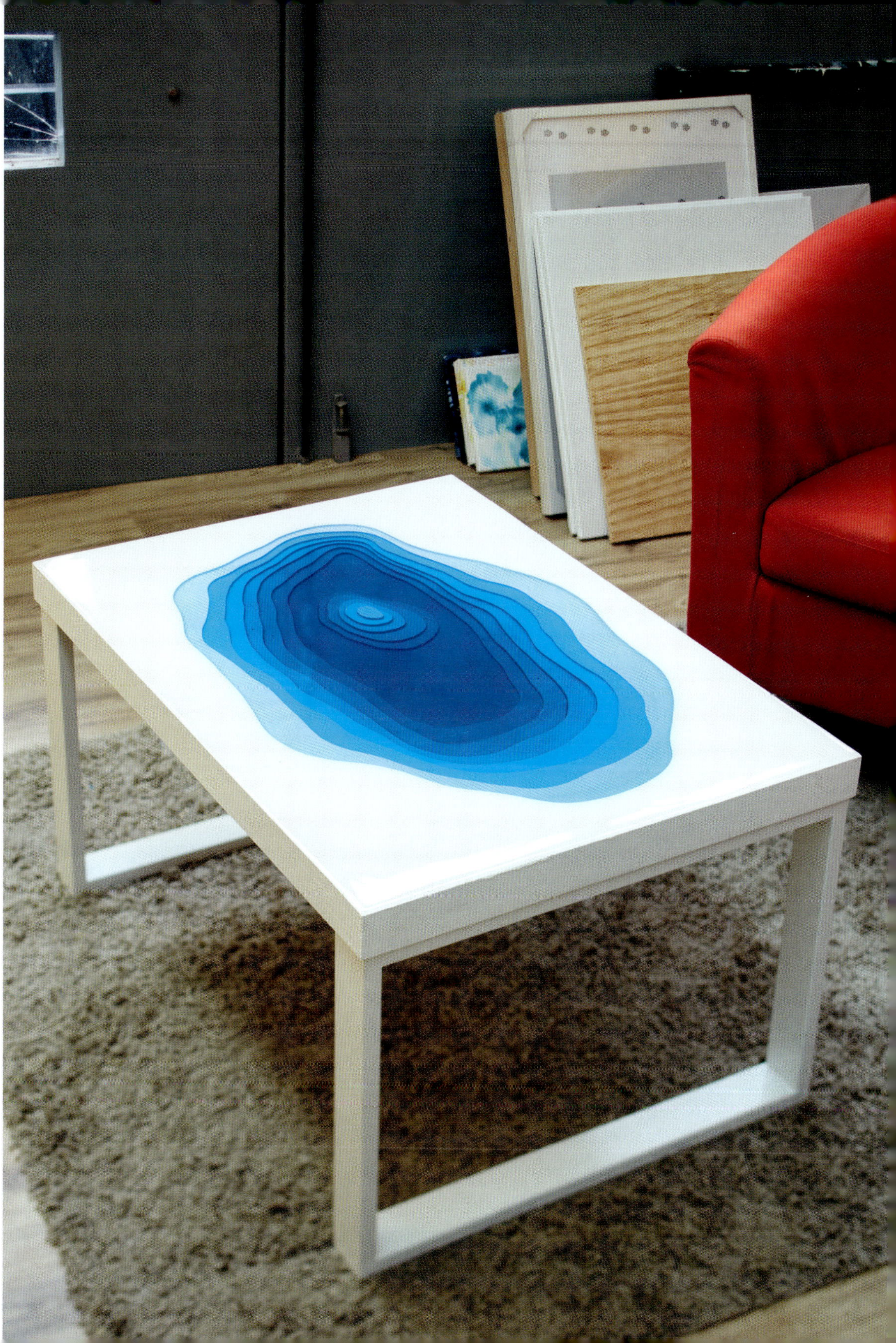

7 Glätten Sie die Sägekanten und bestreichen Sie alle Platten flächig mit Holzleim.

8 Die 8 großen Platten miteinander verleimen, einspannen und 3 Stunden trocknen lassen.

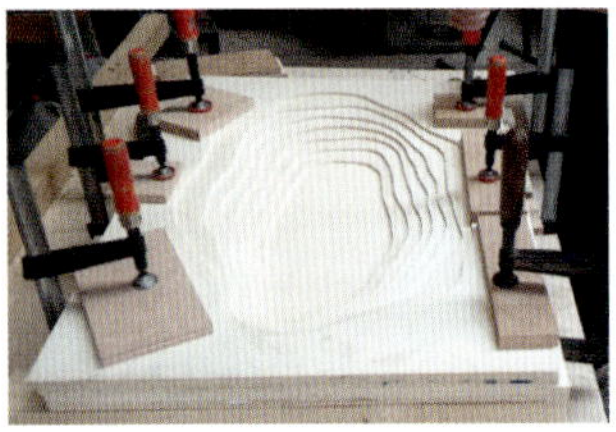

9 Die 5 Schichten der Insel separat miteinander verleimen, einspannen und 3 Stunden durchtrocknen lassen.

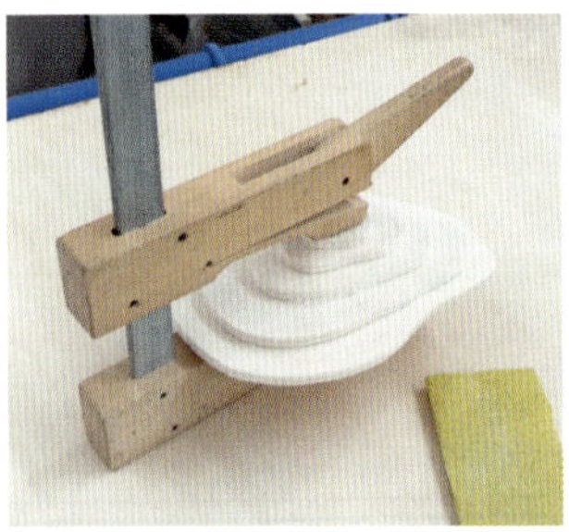

10 Die Insel auf der Grundplatte platzieren und festkleben.

11 Mit der Kreissäge alle Kanten nachschneiden, Löcher in den Sperrholzkanten können Sie mit Holzspachtelmasse verschließen.

12 Die Oberflächen und Kanten der verleimten Platten grundieren und zweifach lackieren. Jeweils über Nacht durchtrocknen lassen.

Tipp

Sollten nach dem Lackieren noch Löcher in den Kanten zu sehen sein, diese mit wenig klarem Resin verschließen. Lassen Sie auch diese Reparaturstellen 24 Stunden aushärten.

13 Wenn Lack und Resin ausgehärtet sind, kann der See gegossen werden. Dazu 5,6 kg Resin für Schichtdicken bis 5 cm nach Herstellerangaben anmischen, mit 70 Tropfen Tinte in Blau vermischen und in die Platte gießen.

Hinweis

Nicht das ganze Resin auf einmal anmischen, sondern lieber aufteilen, jeweils nur eine kleine Menge anrühren und einfärben und eingießen. Wichtig ist, dass das Resin nicht über die oberste Kante hinausläuft.

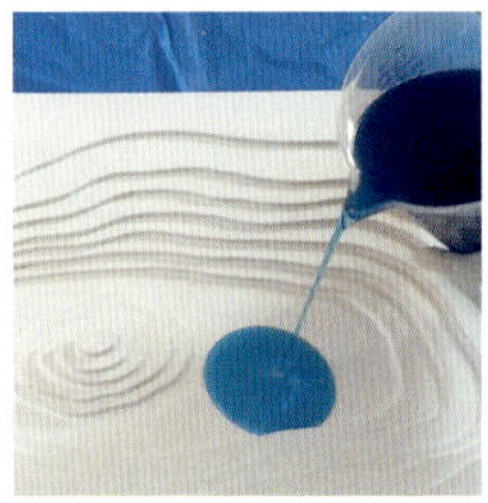

14 Mit dem Gasbrenner die Luftbläschen entfernen, die Oberfläche abdecken und mindestens 72 Stunden aushärten lassen.

15 Die Resin-Oberfläche anschleifen, die Außenkante sorgfältig mit Aluklebeband abkleben, nach oben 10 mm überstehen lassen.

16 500 ml Resin für dünne Schichten nach Herstellerangaben anmischen und auf die blaue Resin-Fläche gießen.

17 Mit dem Gasbrenner die Luftbläschen entfernen, die Platten abdecken und 5 Stunden trocknen lassen.

18 1000 ml Resin für dünne Schichten nach Herstellerangaben anmischen und gleichmäßig über der letzten Schicht sowie der gesamten Fläche rund um den See verteilen: Es soll eine glatte Oberfläche entstehen.

19 Mit dem Gasbrenner die Luftbläschen entfernen, das Werkstück abdecken und einige Tage vollständig aushärten lassen.

20 Die Metalltischfüße anschrauben.

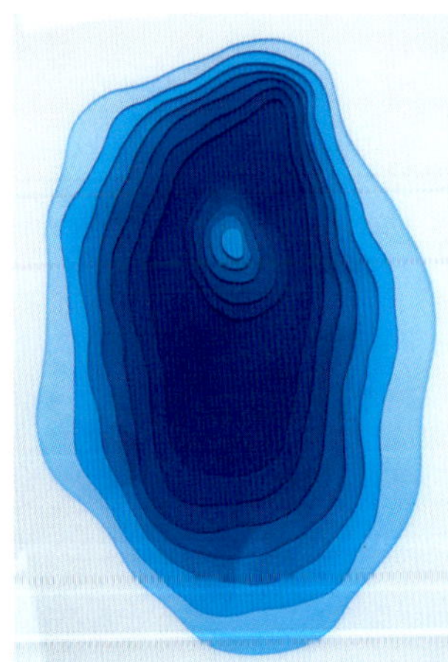

River Table

Größe

83 cm x 31,5 cm x 44 cm

Material

- Eichenholzbohle, ca. 84 cm x 26 cm x 3 cm, längs halbiert
- Zieh- oder Stemmeisen
- Schleifpapier, 100er-Körnung
- Exzenterschleifer mit Schleifgitter, 80er-Körnung
- 920 ml Resin für dünne Schichten
- 5 Siebdruckplatten, 100 cm x 40 cm, 2x 31,5 cm x 5 cm, 2x 90 cm x 5 cm
- Schrauben
- Akku-Schrauber
- Silikon
- Trennmittel
- Tuch
- Schraubzwingen
- Holzleisten
- 1,2 kg Resin für Schichtdicken bis 5 cm
- Tinte („alcohol ink") in Grün
- 4 Metalltischfüße in Grau, 41 cm hoch

1 Mit dem Stemmeisen die Waldkante der Holzbohle entfernen. Anschleifen, sodass keine losen Teile mehr vorhanden, jedoch noch Farbunterschiede an der Kante sichtbar sind.

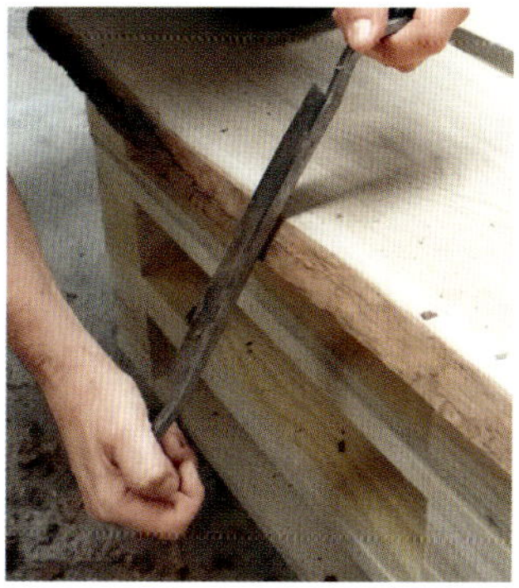

2 Die Oberfläche können Sie mit dem Exzenterschleifer glätten.

3 10 ml Resin für dünne Schichten nach Herstellerangaben anmischen und die Außenkanten der Bohle dünn bestreichen. 24 Stunden aushärten lassen, dann anschleifen.

4 Aus den Siebdruckplatten eine Gussform anfertigen, die die beiden Teile der Bohle passgenau aufnimmt. Dabei die glatte Seite der Platten nach innen nehmen. Die Außenkanten der Bohle liegen nun in der Mitte, mit einem Abstand von ca. 5 cm zueinander. Die Siebdruckplatten miteinander verschrauben.

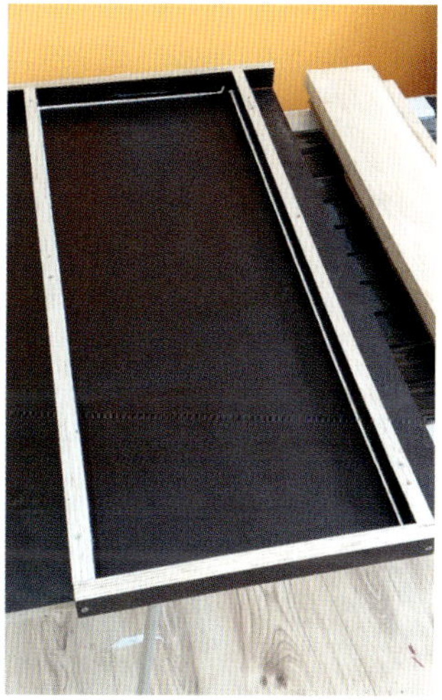

5 Mit Silikon die Innenkanten der Form versiegeln und gut trocknen lassen.

> **Hinweis**
>
> Das Silikon möglichst fein abziehen, aber nicht zu sehr: Es dürfen keinerlei Undichtigkeiten entstehen!

6 Trennmittel auf alle Innenflächen auftragen und einpolieren.

> **Hinweis**
>
> Dieser Schritt ist notwendig, um auch auf der Unterseite eine glatte Resin-Oberfläche zu erhalten.

7 Die Bohlenteile in die Form spannen und auf der Arbeitsunterlage exakt waagerecht ausrichten.

8 1,2 kg Resin für Schichtdicken bis 5 cm nach Herstellerangaben anmischen und mit 30 Tropfen Tinte in Grün vermischen und zwischen die Bohlenteile gießen.

> **Hinweis**
>
> Nicht das ganze Resin auf einmal anmischen, sondern lieber aufteilen, jeweils nur eine kleine Menge anrühren und einfärben und eingießen. Achten Sie darauf, dass das Resin nicht über die oberste Kante hinausläuft.

Weiter auf Seite 104.

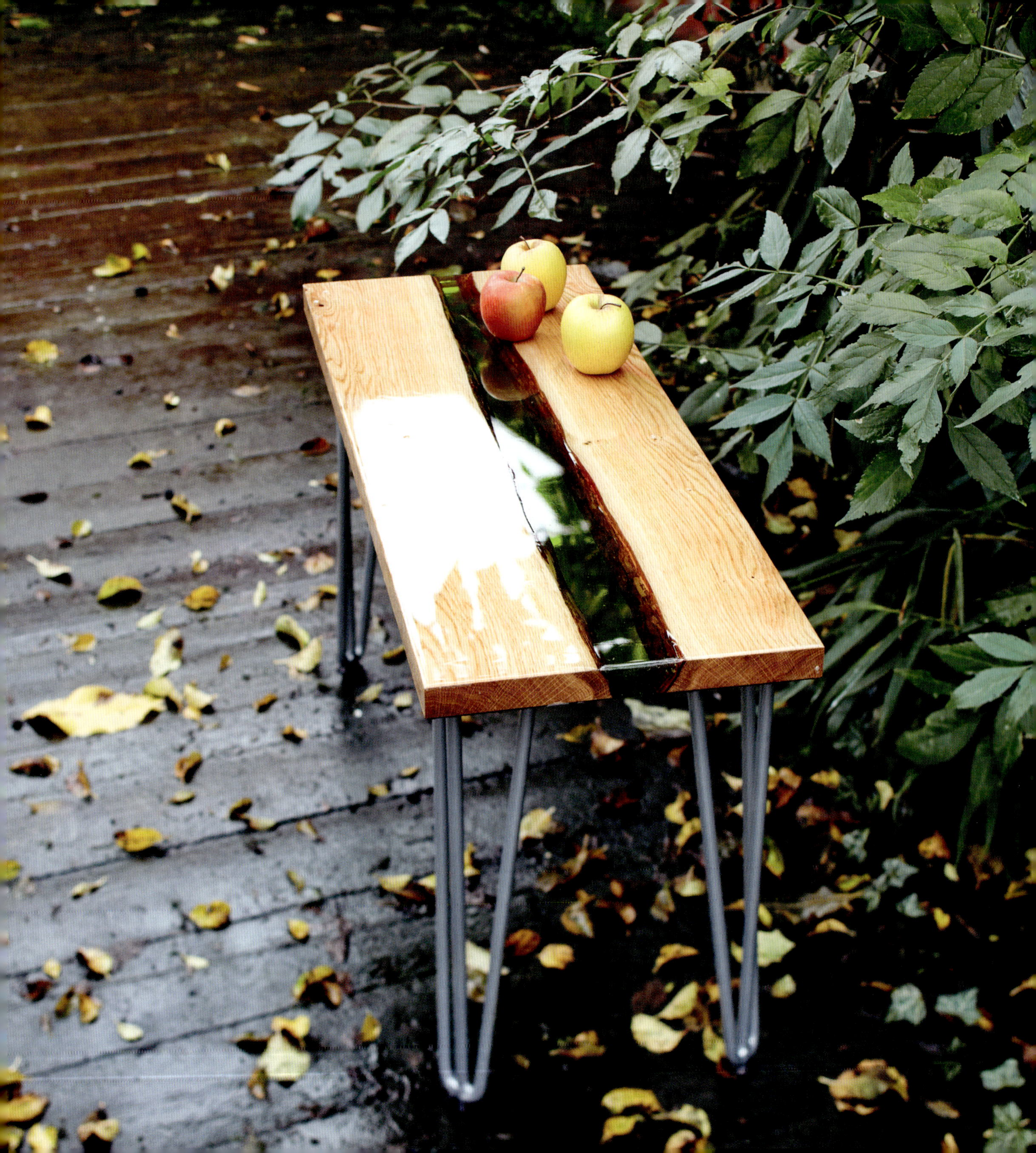

9 Mit dem Gasbrenner die Luftbläschen entfernen, das Werkstück abdecken und 72 Stunden aushärten lassen.

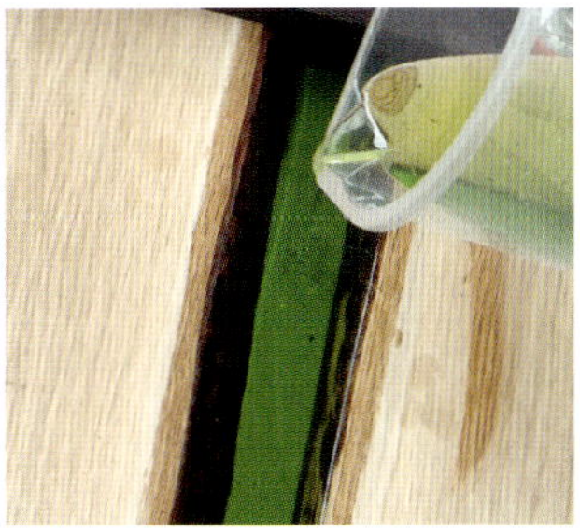

10 Das Werkstück ausschalen; die Oberfläche mit dem Exzenterschleifer glatt schleifen, die Stirnkanten mit der Kreissäge so knapp wie möglich abschneiden.

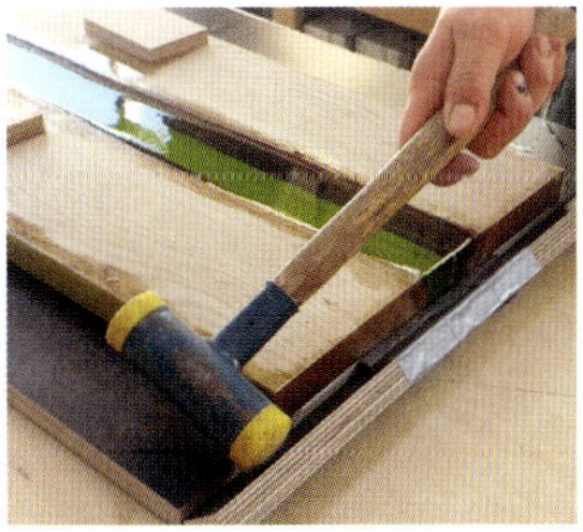

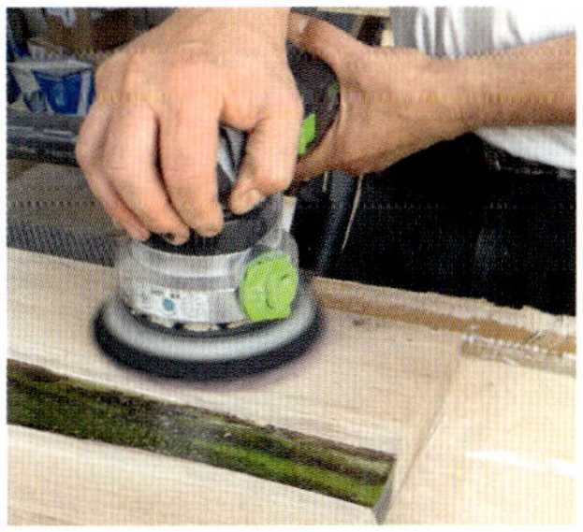

11 Auf Bechern platzieren und exakt waagerecht ausrichten. 10 ml Resin für dünne Schichten nach Herstellerangaben anmischen, dünn auf die Oberfläche und die Kanten auftragen und 24 Stunden aushärten lassen.

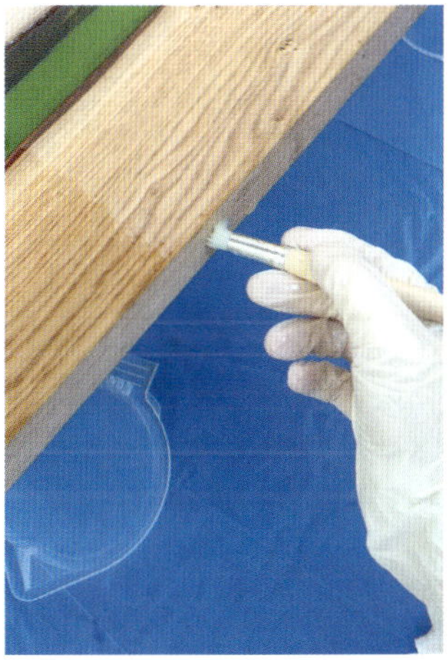

12 Die gesamte Oberfläche anschleifen. Die Stirnkanten im Bereich des ausgehärteten Resin mit Aluklebeband abkleben, die Oberkante oberhalb der Holzoberkante der Unterseite.

13 450 ml Resin für dünne Schichten nach Herstellerangaben sorgfältig anmischen und gleichmäßig auf der Unterseite verteilen.

14 Mit dem Gasbrenner die Luftbläschen entfernen, das Werkstück abdecken und 5 Stunden trocknen lassen, dann das Klebeband abziehen. Insgesamt 24 Stunden aushärten lassen.

15 Wenn die Unterseite komplett ausgehärtet ist, die Oberfläche des Tisches anschleifen. Die Kanten abkleben, nach oben überstehen lassen.

16 450 ml Resin für dünne Schichten nach Herstellerangaben anmischen und gleichmäßig auf der Oberfläche verteilen. Das Werkstück abdecken und 24 Stunden aushärten lassen.

17 Die Kanten anschleifen und Unregelmäßigkeiten entfernen.

18 10 ml Resin für dünne Schichten nach Herstellerangaben anmischen und dünn auf die Kanten auftragen. 24 Stunden aushärten lassen.

19 Die Metalltischfüße anschrauben.

Vorlagen

Tischlaufer „Lizard“

Vorlage bitte auf 200% skalieren

Seite 84

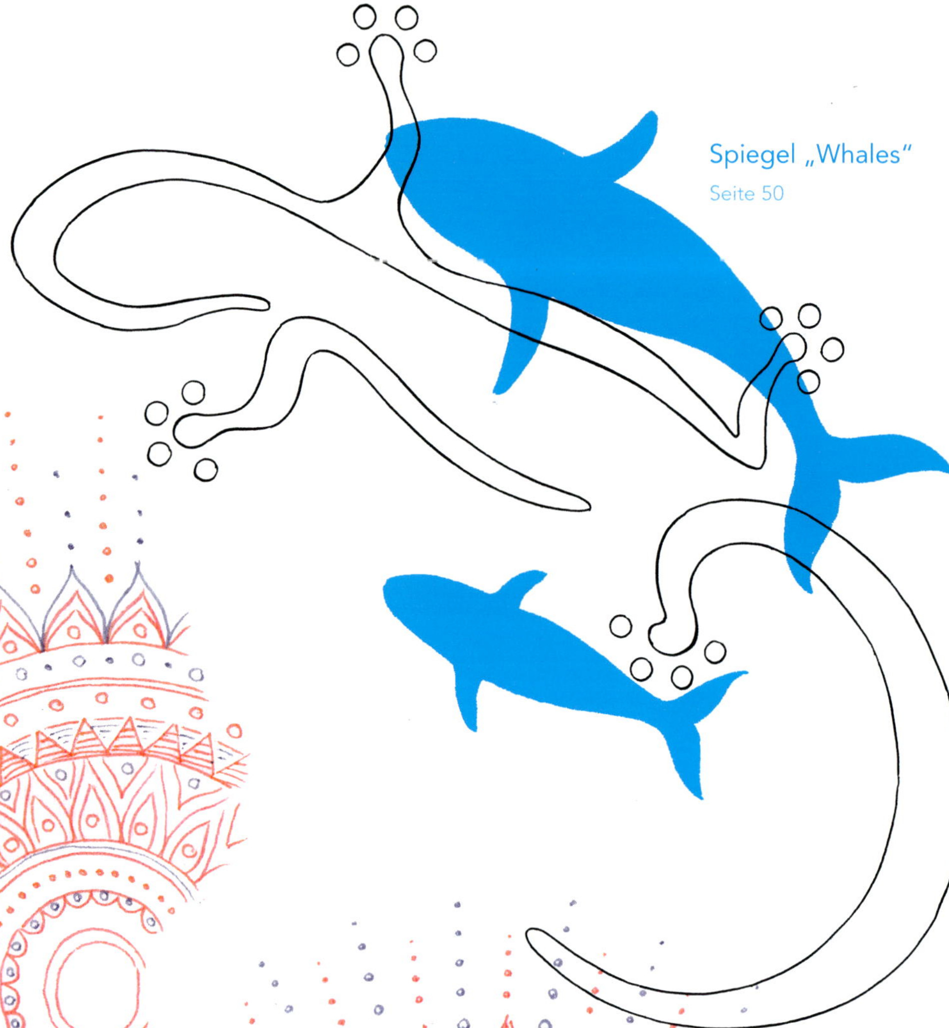

Spiegel „Whales“

Seite 50

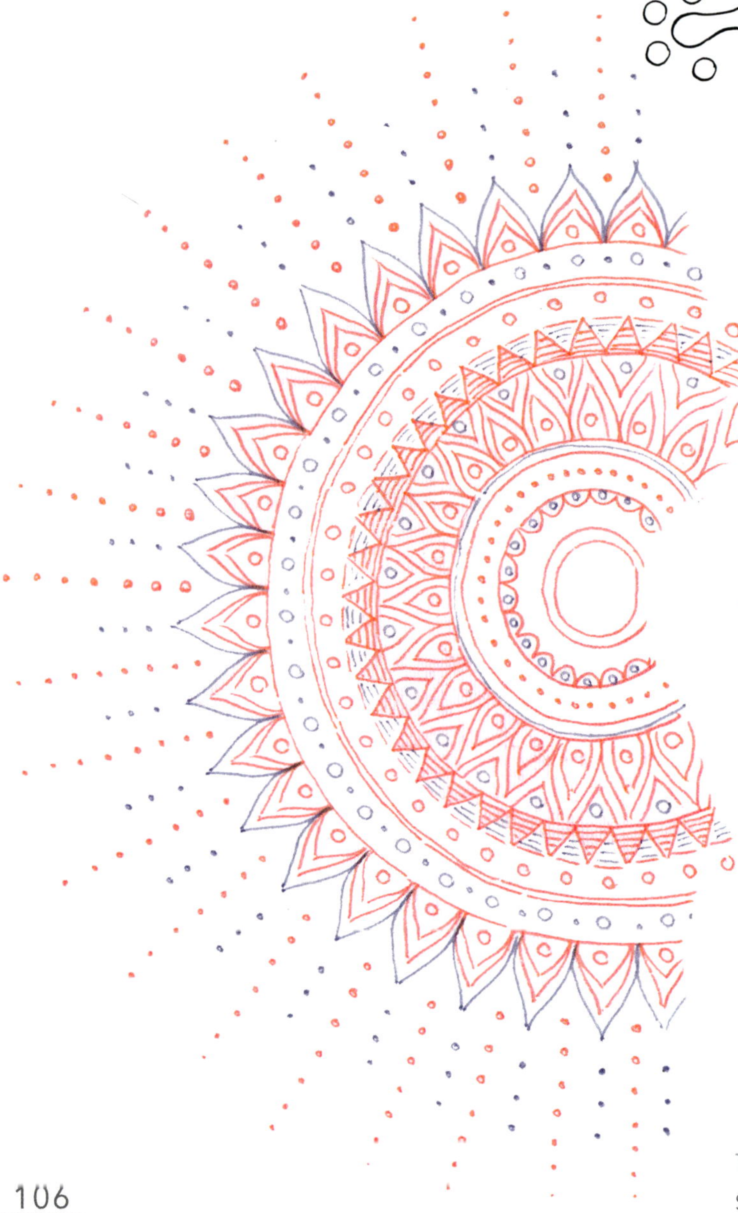

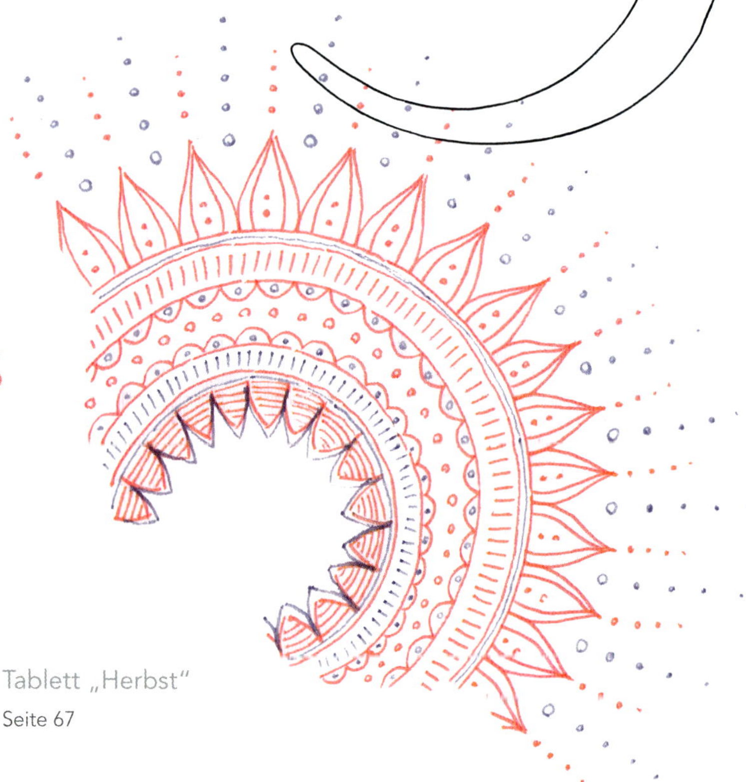

Tablett „Herbst“

Seite 67

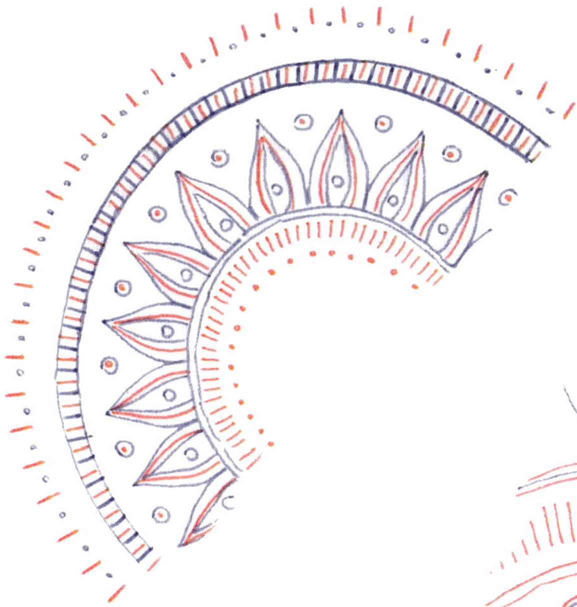

Tablett „Herbst“

Seite 66

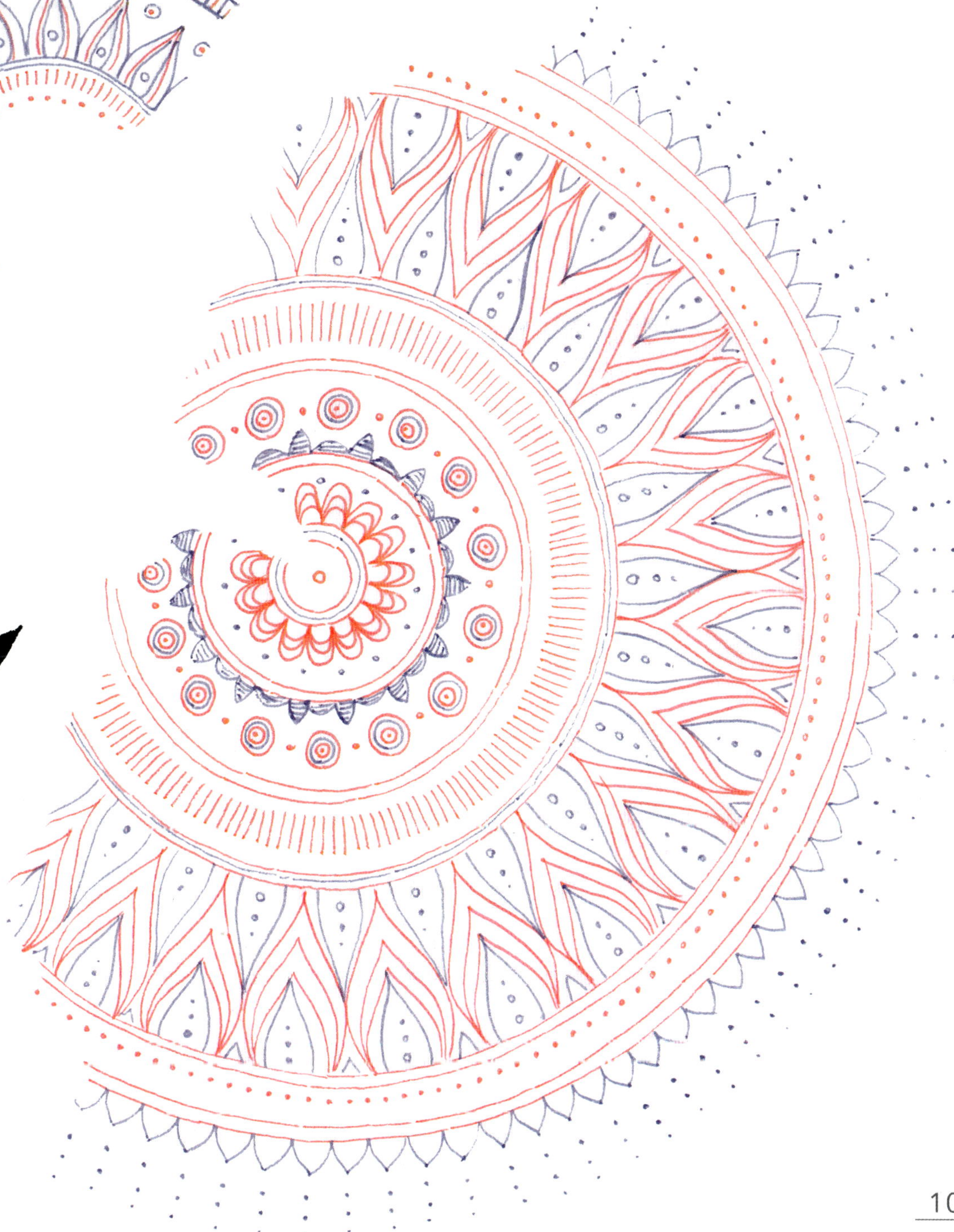

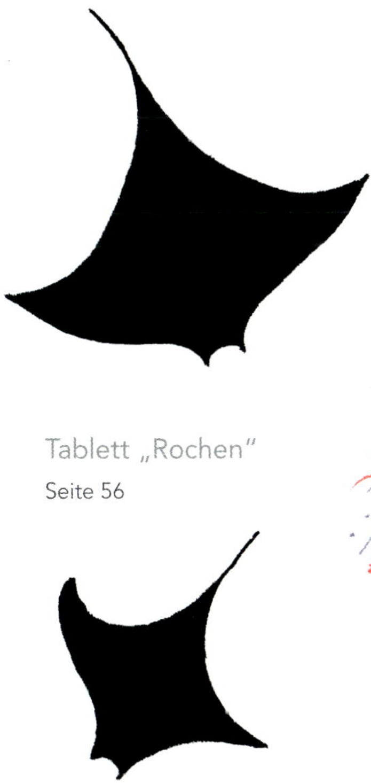

Tablett „Rochen“

Seite 56

Buchempfehlungen für Sie

Noch mehr kreative Bücher zum gleichen Thema gesucht?

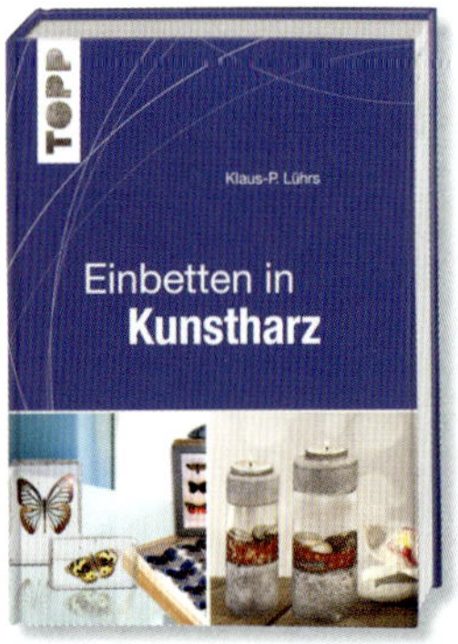

ISBN 978-3-7724-7566-5

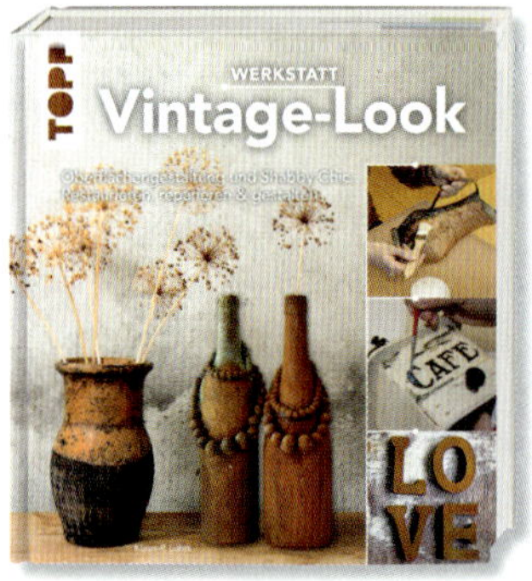

ISBN 978-3-7724-7167-4

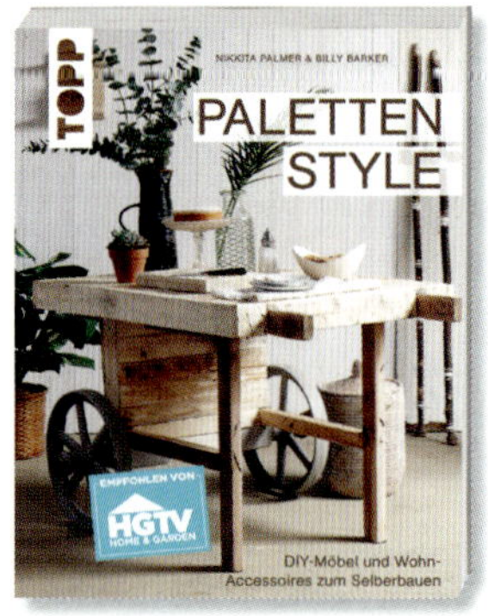

ISBN 978-3-7724-5342-7

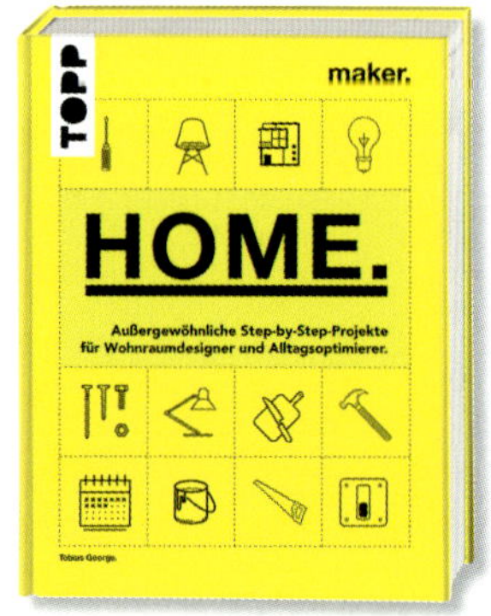

ISBN 978-3-7724-7148-3

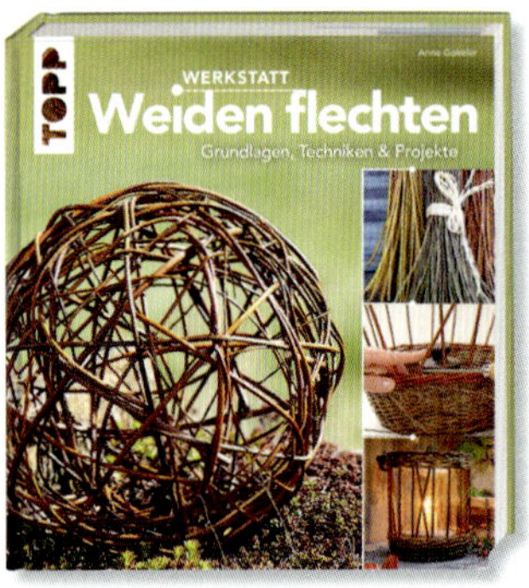

ISBN 978-3-7724-7812-3

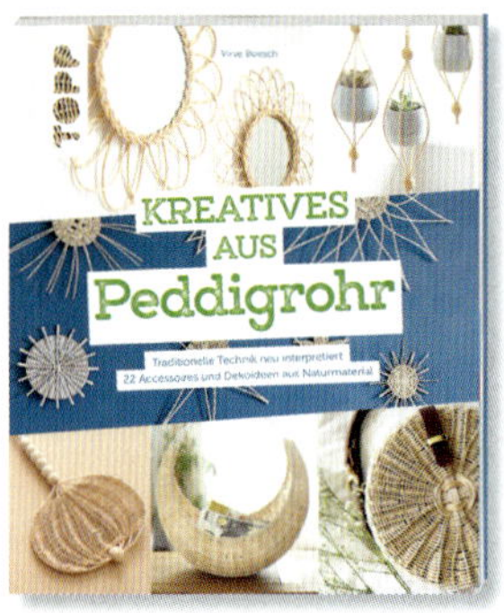

ISBN 978-3-7724-7198-8

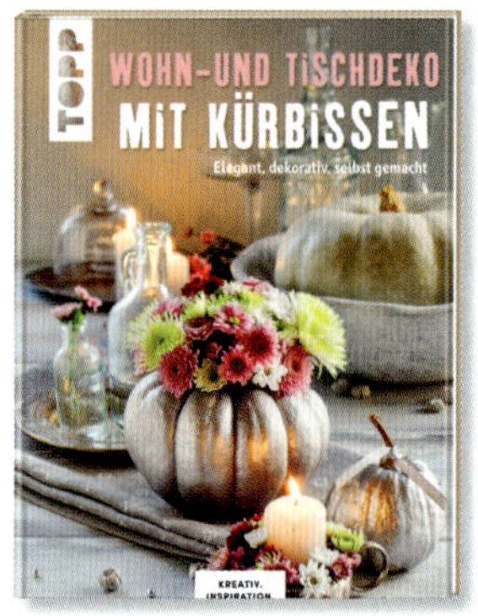

ISBN 978-3-7724-7184-1

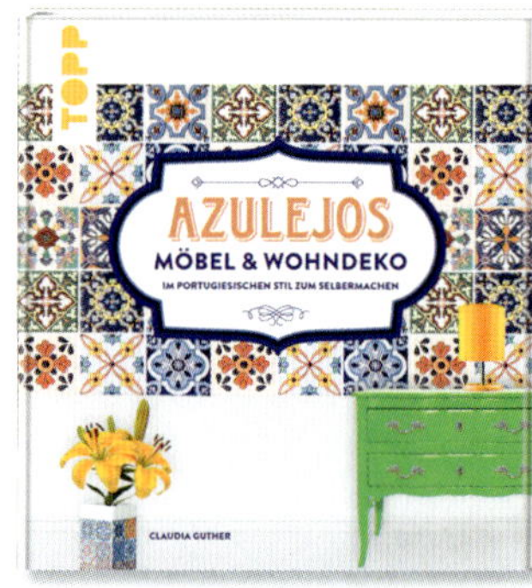

ISBN 978-3-7724-7178-0

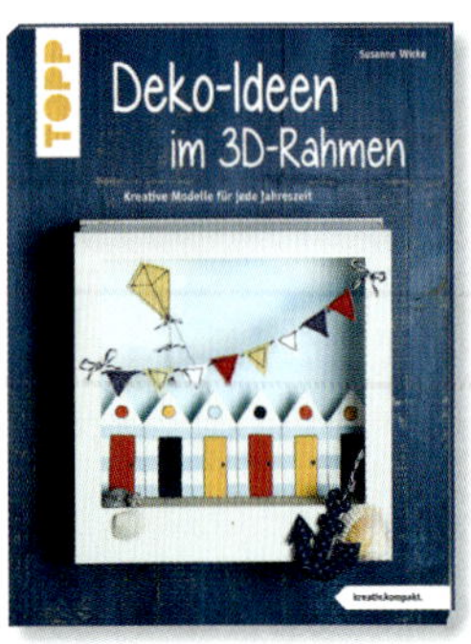

ISBN 978-3-7724-4370-1

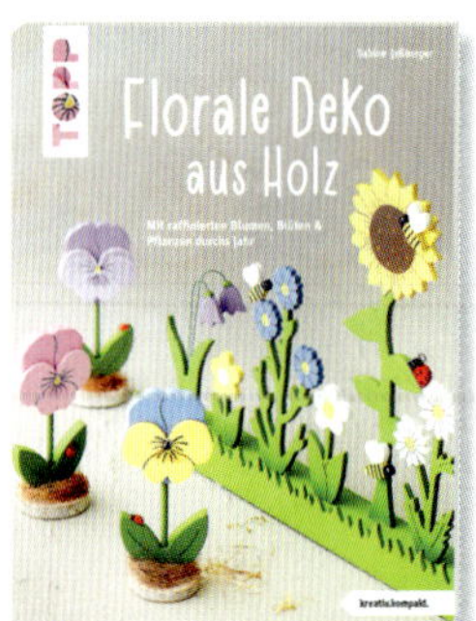

ISBN 978-3-7724-4371-8

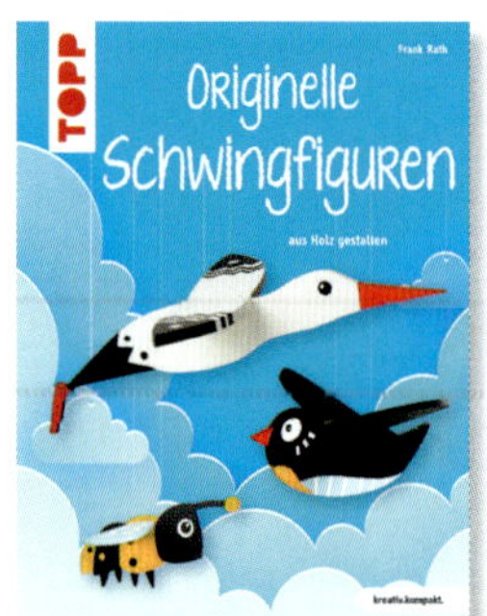

ISBN 978-3-7724-4290-2

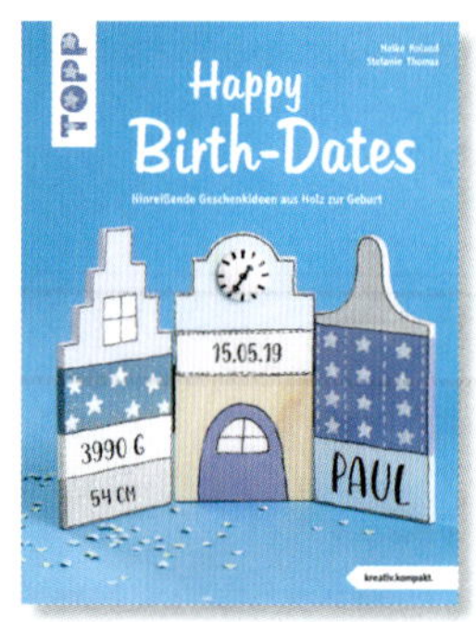

ISBN 978-3-7724-4365-7

Noch mehr Kreativ-Bücher finden Sie auf www.TOPP-kreativ.de

Über die Autorin

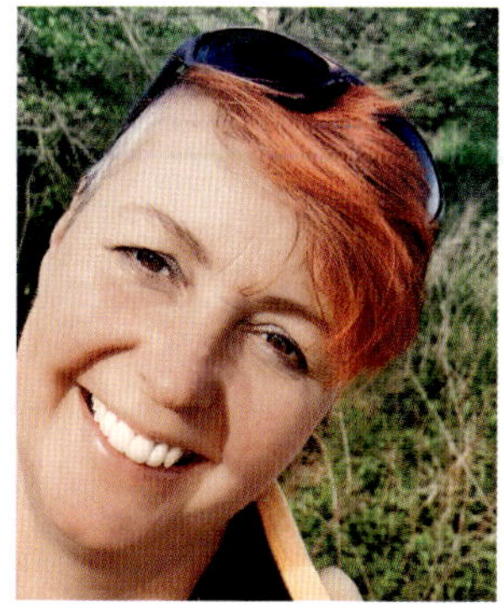

Monika Firgau liebt ihr Motto „Mit all meinen Farben" und stürzt sich schon seit ihrer Jugend gerne in kreative Abenteuer. Dabei sind ihr viele Materialien und Techniken lieb, und nur zu gerne probiert sie auch immer wieder Neues aus. In Ausstellungen, Workshops und Veröffentlichungen gibt sie ihre Freude an Kunst und kreativen Tätigkeiten weiter. Mit ihrer Familie lebt sie in der Nähe von Gießen, wo sie in einem umgebauten Industriegebäude ihr eigenes Atelier eingerichtet hat. Mehr gibt es unter www.monikafirgau.de

Danke

Wir danken der Firma Rayher für die Unterstützung mit Materialien.

Hilfestellung zu allen Fragen, die Materialien und Kreativbücher betreffen:
Frau Erika Noll berät Sie. Rufen Sie an: 05052/911858*
*normale Telefongebühren

Impressum

FOTOS: frechverlag GmbH, 70499 Stuttgart; Monika Firgau (Schrittfotos S. 24 r., 26 r., 27 (2), 28, 29 l., 30 (5), 31 u., 37 (3), 38, 40 (3), 43 (3), 45, 46 (2), 47, 48, 51, 52, 53 (2), 55, 56, 58, 59, 60 (2), 63 (2), 64 (3), 66 (3), 68, 70 (2), 71, 72, 75 (3), 76 (2), 77, 78 (2), 81, 82 (3), 84 (2), 86 (2), 87 (2), 89 (2), 91, 92 (3), 94, 96 (2), 97 (2), 99 (3), 100 (3), 102 (2x l., M.), 103 (2), 105 (4); Autorenfoto S. 109), lichtpunkt, Michael Ruder, Stuttgart (alle übrigen)

Kunstdruck auf S. 36: mit freundlicher Genehmigung der Künstlerin Sabine Brengel, www.sabinebrengel.at

MODELLE UND TEXTE: Monika Firgau

PRODUKTMANAGEMENT UND LEKTORAT: Stephanie Iber

GESTALTUNG/SATZ/HERSTELLUNG: Heike Köhl

DRUCK UND BINDUNG: Livonia Print SIA, Lettland

Der Freischalte-Code für die Vorlagen lautet: 15594

2. Auflage 2021

ISBN 978-3-7724-7180-3 • Best.-Nr. 7180